王家文著

晚吟樓詩集

文史哲出版社印行

國家圖書館出版品預行編目資料

晚吟樓詩集 / 王家文著. -- 初版. -- 臺北市：
初版 -- 臺北市：文史哲,民 105.05
面：　公分
ISBN 986-957-314-296-6（平裝）

1.中國詩

851.486　　105004038

晚吟樓詩集

著　者：王　家　文
出版者：文　史　哲　出　版　社
http:// www.lapen.com.tw
e-mail：lapen@ms74.hinet.net
登記證字號：行政院新聞局版臺業字五三三七號
發行人：彭　正　雄
發行所：文　史　哲　出　版　社
印刷者：文　史　哲　出　版　社
臺北市羅斯福路一段七十二巷四號
郵政劃撥帳號：一六一八○一七五
電話886-2-23511028．傳真886-2-23965656

定價新臺幣三〇〇元

二○一六年（民一○五）五月初版

ISBN 986-957-314-296-6　85225

出版序言

筆者年晉九旬。近兩年來老病纏身，思力日退；對於愛好的詩詞寫作，感到心餘力拙，已屆封筆之時。

茲將畢生所寫的傳統詩稿（約六百首），付印出版，以了心事。最後，茲將「九十詠懷」二首小詩，抄錄如下，以示晚年的心境，自慰猶自嘲也。

歷盡興亡劫後身，
附庸風雅作詩人；
尋章摘句渾閑事，
抱病延年晉九旬。

落地生根入夢懷，
綿綿瓜瓞費栽培；
得娛晚景含飴樂，
憑有金錢買不來。

（丙申年元宵節於晚吟樓）

註：綿綿瓜瓞，見《詩大雅「綿」》：；以喻子孫蕃衍之意。

晚吟樓詩

秋　夜

半壁披雲障。屏山戴月華。秋宵一片靜。燈火萬人家。
疑是籬邊菊。香飄陌上花。遊心天地外。引領玉光斜。

無　題

獨步喜君至。同行消客煩。多日未相見。一時何盡言。
海風依碧樹。月色滿秋原。漂泊難如意。惟期返故園。

冬日晚眺

落霞今夕佳。煙樹漸蒼茫。浪花拍岸白。木葉入冬黃。
回望雲峰合。遙看海峽長。鄉音何處問。水鳥自翱翔。

壬辰歲暮之臺北

朝別夕千里。重逢隔一年。路遶疑山轉。車馳覺樹眠。
孤峰餘落日。四野起炊煙。客地見童子。愧無壓歲錢。

病懷

落拓天涯久。思歸又一年。春回芳草色。樹暗夕陽煙。
淚盡愁為織。囊空病與連。家書安可寄。悵望落霞邊。

題中壢圓光寺茶花盛放兼問候本際上人

日暮空山隱翠微。梵音清徹下松扉。林陰蕭寺夜初靜。月滿圓光花正肥。
曲徑無風黃葉落。幽池掠影白雲飛。老僧趺坐禪心定。了卻俗塵無是非。

登汐止秀峰山彌勒院

乙未春，偕興兄往訪若水法師未遇，幸會廣元上人。

有情訪若水。不意會廣元。簾捲一峰秀。窗開百鳥喧。
雲中彌勒院。世外武陵源。寂寂穿林路。悠悠未盡言。

題廣元法照

元也好悠閒。安身花木間。袖藏滄海日。頭枕秀峰山。
衆鳥稀來往。孤雲獨與還。禪心無可欲。諸所自開顏。

月夜訪廣元喜若水在座 四絕

信步登山何處尋。撥雲踏月復沉吟。回頭俯瞰煙霞闊。佇足遙望花木深。
禪林精舍坐孤僧。時在明心證上乘。院內青松空色相。寺前碧竹了冤憎。
我共詩僧一夕論。生無所住指心源。廣元和尚多瀟灑。若水大師獨默言。
夜色朦朧月影低。山隨人轉道從西。衆生不覓今生覺。去路方知來路迷。

讀金經感寄廣元 二首

謫落人間三十年。胡不歸去思悠然。形同野鶴耽禪悅。坐倚孤松看鹿眠。
不作愁顏情已了。常開笑口語猶顛。是非得失何須問。醉臥青燈古佛前。
若干種心不可得。松窗禪榻習忘機。閒編軟草作僧帽。試剪浮雲補納衣。
醉伴煙霞遊化外。靜聽山鳥喚曦微。落花一尺承趺坐。仄徑多苔人跡稀。

禪唱 余因病肺纏身，忽萌遁世之念，詩以詠志。

閒交方外朋。也結世間友。分別各紅顏。重逢應白首。
禪杖擔日月。浪跡遍宇宙。問我學忘機。貧僧無所有。

自題低眉小照

浮萍飄泊慣。四海難為家。低眉人不語。惜別意如麻。

後記：這首絕句，原收入《盲吟集》中，嗣該集散佚，詩也流失。二〇〇三年仲夏，鄉友小聚時，憶談往事，劉汝棟老弟，竟能背誦並抄錄相示，特增補於此，以誌情誼。

乙未中秋澎湖旅次

欲寄綠窗信。臨書一字無。海天悲落日。秋月泛征途。
遙念玉顏婦。永懷金髮雛。歸期如有報。身病不須扶。

金門遠眺

臨眺金門島。禿頭太武山。鹿柴連後浦。碉堡接前灘。
岸闊桅檣細。鳥啾江水寒。目隨秋日盡。心共暮雲還。
營舍無人問。客懷獨夢寬。迴望歸路杳。閩海夕漫漫。

月夜詠懷 四首

天際懸新月。客懷憶舊城。相知無俗士。到處有呼聲。
風細窗前語。信疏別後情。煙波千里外。遙念百愁生。
面窗支頷坐。落葉積秋深。望盡閨中信。思縈海外心。
片雲橫古渡。百鳥宿山林。推起依懷月。淚痕已沾襟。
大海連天闊。江聲入夢幽。風寒花失色。葉落鳥驚秋。
心染思鄉病。誰知作客愁。沙鷗如解意。報信到登州。

極目閩江外。臨風古渡前。思親明月夜。歸夢夕陽邊。
砲火連朝暮。民心祇自憐。英雄都好戰。故國滿烽煙。

詩人洛夫來信慰問賦此以贈

昔我偶相識。衆人爭與遊。新詩分外賞。意象靜中求。
如到蓬萊閣。同觀蜃氣樓。主編創世紀。已是滿瀛洲。

秋日閩上感賦

南望又過一年期。面水陳兵兩相持。砲戰聲中山難靜。風波海上月生遲。
可憐百姓流遷日。正是英雄創業時。不見片雲從北去。滿天星宿向西移。

讀漢史哀李陵

忽報匈奴又患邊。漢家男兒入胡天。建功豈肯居人後。殺敵挺身躍馬前。

出塞兼程攀鳥道。流沙千里絶人煙。將軍平賊自茲去。傳説至今猶未還。

澎島夜曲 四首

病賦此身長日閒。此身飄渺五雲間。傍舟撈起湖心月。遙寄伊人照玉顔。
莫道容顏異昔時。自然風韻勝胭脂。斯言應惹蛾眉妬。不是尋常讚美辭。
獨坐窗前剪帽花。好為校尉換烏紗。晝長量盡金絲線。繡出繁星冷月斜。
我既憐卿兼自憐。由來世事古難全。天公不負多情侶。夢落東南綠水邊。

效子夜歌 四絶句

遠戍久不回。塵封滿鏡臺。惱人春又綠。笑靨待君開。
征戍在金門。相思惹淚痕。滿園芳草色。不敢對人言。
是否到瀛洲。默然問海鷗。不知潮有恨。拍岸一聲愁。
晚照絲絲落。玉華冉冉生。思君如日月。晝夜迴環明。

贈 別 有序

丙申冬，摯友美凝乘班機之臺北幹校受訓，深以未能餞行為悵；繼思之，既係知己，當可諒我耳。

兼柬公湣珍年二友。

錢袋空如也。悵然意自平。此人長寂寞。知友各零丁。
鐵鳥雙飛翼。雲天萬里情。送君從此去。低喟海潮生。

奉贈誠氈廬先生

我感誠夫子。諄諄笑語親。年來茶代酒。枕畔月為鄰。
搔首驚遙夢。燃燈待故人。胸懷安國策。不與等閒論。

送別陳謨禹院長

來此風沙島。三年自有成。醫人基素志。卻病起新生。

不避青雲路。長懷白首盟。澎湖千尺水。瀲灩滿離情。

贈嶺南孔祥祉

呼酒前來若為酬。不辭扶醉更登樓。防風應植千叢樹。泛月惟揚一葉舟。
片片島雲橫白眼。漫漫湖水展青眸。放懷且進杯中物。終老是鄉休說愁。

湖　上 三首

湖光照影白雲移。萬里長空碧四垂。水靜無波魚鼓浪。天晴有恨月低眉。
燈飄漁火船歸棹。葉暗風林鳥戀枝。每自登樓西北望。不知何日是還期。
百感叢生夜欲闌。煙波無際思無端。禁聲忍盡南溟熱。木立吟沉北斗寒。
潮水遠從天外至。浪花開到渡頭殘。十年有待成泡影。一顆鄉心賴夢寬。
錦繡河山久沉淪。花開又是一年春。有才應效華盛頓。無命猶憐拿破倫。
買醉多為彈鋏客。窮愁盡是異鄉人。茫然借問當權者。何日興師出古津。

感懷詩

家住蓬萊長山頭。蓬萊閣上少年遊。壯哉王粲從軍樂。去國拜倫發旅愁。
我思古人千載下。後人豈能憶我不。蒼茫獨立西風裏。入夢濤聲肅殺秋。
極目鄉關看不見。於今何處可登樓。抽刀揮斷東流水。從此迴瀾向北流。

枯魚過河泣 樂府遺聲魚龍六曲之一

枯魚葭浦泣。淚下似湧泉。問爾傷心緣何事。請君且聽枯魚言。
少小離家時。不知行路難。趾高猶仗風濤勢。一息南溟十二年。
莫道心無悔。長思滄海水。有朝曲岸若為通。拜寄一書滄海東。
我之覆轍深足戒。慎教雌兒莫離雄。聽罷枯魚言。掉頭辭別去。
非是不關情。天涯同際遇。

讀范公滔「天馬」有感歌而贈之

欲求千里馬。駿骨千金價。昔時伯樂明殊相。伯樂之後無識者。
武帝求之西域中。漢家旌旗蔽遠空。天迴雲氣真龍出。金闕丹墀顧盼雄。
顧盼雄。大宛馬。一騁萬里能追風。玉勒雕鞍能誰駕。

附「天馬」原作

范公滔

天馬行空萬里來。踸踔湖海映徘徊。待逢駿骨千金價。一騁追風逐電才。

感此懷故人

憶昔結交日。胸襟無隱微。相逢惟大笑。把臂醉春暉。
轉眼秋風起。賓鴻各自飛。情同寒歲月。零落惜芳菲。

秋日野望

大地草枯矣。肅然海國秋。樹樹皆南向。人人冀北流。
水漲潮侵岸。風揚沙滿頭。澎壺一片月。萬里繫歸舟。

註：澎島因受季風之影響，樹木枝椏多向南傾斜。

冬夜有懷

值此酷寒夜。悄然思故鄉。秋深風在戶。冬至露凝霜。
撫劍心猶壯。引杯恨正長。蹉跎閒歲月。徒自減容光。

題觀瀑圖

萬丈飛泉落。青山素帶飄。并刀新發刃。剪取繫誰腰？

月夜思

相思無從寄。流星扣月弦。彎弓彈出去。落到綺窗前。

詠荊軻

悲歌過燕市。出使入秦庭。一擊雖不中。千秋傳姓名。

昭君怨

絕塞邊風勁。漢家羽檄遲。琵琶空自語。何日贖蛾眉。

讀陶詩懷淵明

我愛陶靖節。為人不自欺。不為彭澤令。但賦歸來辭。
何以守高潔。囊無沽酒資。若能趨流俗。或有騰達時。

君腰不肯折。我頭不肯低。棲隱乃良策。何須天下為。

哀李承晚

南韓李承晚。力匡復南韓。當選大總統。連任十二年。
怨聲久載道。輿論日譁然。不知深反省。令譽漸凋殘。
上下交征利。朋黨互為奸。美言欺世易。一手遮天難。
民情群激憤。被迫惟掛冠。揮淚辭故國。避禍檀香山。
一代獨裁者。此生不得還。

夜坐 二首

綺念細如絲。縈懷時在茲。調箏人去後。愛月夜眠遲。
桂子飄香夢。吉光片玉詞。良宵無佳句。何以慰幽思。
隱几無塵慮。煙絲裊裊升。移來湖畔月。懸作案頭燈。

皎潔渾如玉。冷然若似冰。含羞半遮面。躲入白雲層。

春情

一片新生意。千枝發嫩芽。春風窺繡戶。輕拂碧窗紗。

春遊大貝湖

聞道湖光好。驅車遠市塵。浮雲橫北郭。流水入南津。
雙宿雙飛燕。獨來獨往人。櫻花連夜發。猶占一枝春。

題翠萃盧 并序

辛丑夏，余客居翠萃盧；盧址螢橋河畔，環山面水，景色宜人。月明之夜，偕珍年伉儷泛舟載酒，效蘇子「赤壁」之遊，誠人生之一樂也；不可無詩，爰筆紀其事云爾。

萃盧小築螢橋畔。一道青溪象綠桓。玉鏡映紅迴晚照。琴窗含翠疊層巒。

飛觴始覺乾坤小。把槳翻知天地寬。叩舷醉吟赤壁賦。此身恍若碧雲端。

遣懷

覓得桃谿築劍廬。只緣性與世情疏。松窗雅素迎峯影。蓬戶荒蕪阻客車。棲隱山中無歲月。安知海外有扶餘。十年一覺虬髯夢。嘯傲林泉復自如。

贈孫希舜

每逢相見自相歡。聯袂相遊總夜闌。十里螢橋風習習。一溪淡水月姍姍。從商豈冀陶朱富。盛意猶憐范叔寒。世事人情冷暖甚。惟望珍重且加餐。

戲贈家震弟

我家兄弟愛風流。無價青春無處求。青鳥時傳紅葉信。幽閨深鎖綠窗愁。秋宵立盡梧桐影。春夢留痕翡翠樓。自古情人皆有恨。山盟海誓幾時酬。

書劍引 贈正定尹達

有人名尹達。書劍出名家。運劍如運筆。草書走龍蛇。
劍術不讓公孫氏。一道寒光飛霹靂。矯如匹鍊之騰空。翩若流星之瀉地。
倏進倏退。忽落忽起。舞罷色不為之變。觀者結舌、氣也不能為之舒。
余亦學書兼學劍。相形之下歎不如。此君懷才不得志。逢人不道平生事。
於今誰築黃金臺？如此廣延天下士。

擬　古

勞燕分飛去。迷離失歸期。依依同命侶。夜夜守空帷。
一在海之角。一在天之涯。殊不知海角與天涯。懷念無已時。

壬寅新春記遊

春風送暖綠侵幃。海曙晨光浴日輝。為愛青山人獨往。行看紫陌燕雙飛。
花團錦簇遍幽境。鳥語鶯聲出翠圍。遊樂焉知天色暮。彩霞帶得幾分歸。

陽明山賞櫻 二首

芳草羅裙一色裁。櫻花粉面兩邊開。黛眉競與山爭秀。漫向瓊林拾翠來。
林花如繡草如茵。綽約風姿多麗人。獵取鏡頭留倩影。輕顰淺笑偎香塵。

重讀愛文小札感賦 四首

一疊芳心一葉函。蔚藍小字碧雲箋。吹簫堪引蘭閨夢。花影娟娟月滿弦。
禁牆搖曳杜鵑花。數盡風華第一家。入夜四鄰歸寂靜。臥看月影透窗紗。
眷杯戀盞不辭頻。花落花開幾度春。飲盡碧潭千頃水。化為雙淚浥香塵。
不盡相思不盡恩。休將心事托空言。愛文小札胭脂淡。半是墨痕半淚痕。

詠月

漫說淮南跡已陳。青天碧海總凝神。駐顏妄想求仙藥。驚夢方知化蝶身。
一片冰心空有恨。千秋月色淨無塵。嫦娥若得朝朝見。願作璇宮伐桂人。

歸心

乘時拔劍起。坐待失良機。蓬島花空好。秦淮月盼歸。
三軍齊躍馬。一戰突重圍。佇望旗招展。青天白日徽。

論政

風行則草偃。政者戒多言。孟曰民為貴。孔倡德乃尊。
仁人如愛物。黎庶自懷恩。大道維公正。史家有定論。

讀莊子書感

歷代多名儒。莊周乃聖雄。寧為啄食鳥。不作應聲蟲。
啄食貴勞力。應聲賤卑躬。廟堂非所願。曳尾於塗中。

寓意

太上言禍福。惟人各自招。窮通安若素。歡樂不終朝。
春暖花爭發。秋涼葉盡凋。盛衰原物理。抗拒亦徒勞。

美酒

濃郁葡萄酒。色凝琥珀光。密封釀蜜液。蒸溜出瓊漿。
俯首堪深吻。沾唇輒淺嘗。扶杯窺秀靨。吹息亦芬芳。

柬寄曲國夫 并序

壬寅夏，友人國夫來函，中有「小車不倒」之俚語；及「羈旅老大」、「仰人鼻息」之感喟，詩以慰之。

小車不倒且前推。車到山前路自迴。羈旅心情傷老大。仰人鼻息忍悲懷。
災梨禍棗遺民淚。禹甸神畿歷劫灰。餘此殘生須保健。故園猶待故人來。

生活素描

小隱市廛租爿廬。且從陋巷卜深居。自甘茶飯身猶健。落寞親朋信益疏。
洗耳收聽爵士樂。閉門時讀古人書。鬧中取靜堪高臥。亂髮縱橫慵自梳。

饑民行

民不聊生矣。冒死以求生。舉家皆南奔。扶老負幼行。

慎意防鷹犬。還須避哨兵。鷹犬無人性。哨兵尚同情。
掙扎死亡線。逃出集中營。繁星何歷歷。江水復清清。
歷歷星如淚。清清水激鳴。水流沒腰際。星影照前汀。
人潮若海潮。洶湧滿江城。香港彈丸地。四野鼎沸聲。
港督忙下令。港警動無明。驅回活地獄。腐蝕死魂靈。
不道生之難。惟知死可憑。去去莫留連。自由夢已醒。
天視自民視。天聽自民聽。天心何不仁？千呼不一應。
天道果如此。無語立蒼冥。

復國吟

海峽縱深安足持。反攻復國此其時。家無餘粟民心變。野有餓殍屍鳥隨。
風起雲從奔港澳。水深火熱盼王師。三軍不發更何待。千載良機莫稍遲。

遣懷 六首

吾善養吾氣。吾心常自如。艱險何足畏？天大一頭顱。
莫為人所役。寧可出無車。不材遺世累。松月夜窗虛。
松月夜窗虛。青空碧四垂。西風凋碧樹。可奈歲寒姿？
感懷憐弱質。繁華難久持。春芳隨百草。零落起哀思。
零落起哀思。時光不稍留。昔為美少年。今漸憐白頭。
欲乘黃鶴去。長伴赤松遊。仙鄉何處是？佇望海雲浮。
佇望海雲浮。世事如浮雲。莫道故將軍。淪為賣漿人。
聞言長歎息。無淚可沾巾。吾生也有涯。富貴何須論。
富貴何須論。持竿隱釣磯。雲枕山頭臥。雲影入青溪。
且喜釣絲閒。安羨鱸魚肥。樹樹皆秋色。山山盡落暉。
山山盡落暉，蓮步月遲遲。伴將月和影。依依從此辭。

歸來燴鯉魚。飲酒賦新詩。人生當濁世。不樂復何為？

舒懷

少年多任性。輕率復多情。期待紅顏老。因循白髮生。
護林心已盡。浮海意難平。何日掛帆席？千江月自明。

呈劉鋤強校長 黃埔一期。曾創辦《科學内功函授學校》風行一時。

時人誰識征西將。不愛官場愛道場。昔日少年皆白髮。此公滿面盡紅光。
胸中自有長生訣。海外爭傳不老方。欲問鶴軒棲隱處？結廬豈在碧雲鄉。

觀廣元法師書展賦贈

廣元和尚宋元如。學佛之餘復學書。歷代高僧善書者。首推懷素懷仁和大雅（唐代僧人懷素、懷仁及大雅皆以書法名世）。

鐵劃銀鉤出筆端。天馬行空奔腕下。勁弩筋節挽强弓。崩雲裂石千鈞發。
身入空門絕六塵。不見可欲功力勤。行草獨師王逸少。篆法臨摹石鼓文。
最見工夫數楷書。得自魯公能傳神。書理佛理原一理。正其心兮御其筆。
苟於言下悟禪機。翰墨淋浪塵慮息。我遇廣元秀峰山。山高千仞上連天。
作書何患無宣紙。窗前裁取白雲箋。白雲箋。用不絕。廣元和尚天天寫。
行雲流水十年間。一朝功成下高山。衝破毛囊脱穎出。但看片片煙雲飛素壁。

基隆港晚眺

飛搭浮橋結彩虹。煙波浩瀚渺難通。連天碧浪孤帆影。萬里寒濤一點紅。
獨捧秋心哀落日。了無片語付歸鴻。海雲歛盡丹霞色。目斷鄉關更幾重。

讀拿破崙傳

休將成敗論英雄。浮海何須笑拿翁。無力回天空有術。平生好戰不為功。

厄兒巴島將星暗。滑鐵廬邊霸業空。至死未醒皇帝夢。可憐心理古今同。

贈劉建文鄉兄

聖戰八年後。識君在瀋陽。同舟歸故里。轉睫又他鄉。
海客秋心淡。蓬瀛歲月長。萍蹤何處托？安得冀扶桑。

送汪潛玉同鄉返韓

回國觀光客。今從祖國回。橫空揮手去。一路五雲開。
直達忠州市。重銜綠玉杯。北風如有信。寄片雪花來。

書懷

一周半日閒。負手獨看山。青靄依林表。翠巒入海灣。
佇望南雁過。思逐北雲還。淚自他鄉盡。髮從兩鬢斑。

避塵遠鬧市。藉酒洗愁顏。莫道秋心寂。綺懷未忍刪。

口號

空談風日熾。徒此費心機。天下人焉瘦？門高犬亦肥。
覆巢無完卵。岐路漫斜暉。行見年將盡。明年歸不歸？

自遣

平生惟嗜酒。微醉臥吟邊。解得杯中趣。且從枕上眠。
不為無益事。何遣有涯年？物我渾相忘。死生聽自然。

深省

一覺荒唐夢。回頭猶未遲。小淪紅粉劫。翻怕綠花枝。
獨臥琴窗靜。背看月影移。南樓春信至。休遣寸心知。

鄉思

故國煙塵裏。還鄉願久違。思親何得見？化作彩雲飛。

自慰

飄泊干戈際。經秋復歷春。有家歸不得。海角一兄親。

無題

蓬島春光分外妍。臨風側帽幾經年。漫從紫陌憐青鬢。悔向紅樓結夙緣。
拂曉枝頭花著露。黃昏水畔柳含煙。可堪往事添惆悵。每一凝思一歎然。

弔古

南明數盡鄭王死。澎湃潮聲日夜流。收復臺疆開紫府。受降艦隊滿芳洲。

荷蘭旗落安平堡。將士酒酣赤崁樓。憑弔忠魂埋骨地。枯籐老樹一荒丘。

古樓謠

分層粉飾作新猷。笑指天南一古樓。檻外青山低素閣。階前碧樹入吟眸。
長懷漢武求仙夢。時伴莊周造物遊。不見人間淒苦事。只緣身在五雲頭。

雷雨賦

天外秋聲動地來。河山叱咤夾風雷。繁枝怒髮三千丈。逐電烏雲一道開。
幢幢樓臺皆魅影。燐燐鬼火雜蒿萊。風神肆虐風燈暗。大雨傾盆漫相催。

遺民怨

西風落葉有沉哀。海上樓船不復回。漫道瀛洲遍綠樹。儘從寶島起高臺。
自編神話温春夢。默對月華傷客懷。坐待年年秋又盡。忍看聖火化寒灰。

秋吟 二首

親朋之處懶登臨。不忮不求不相侵。有屋一簷堪息影。藏書千卷慰歸心。
人情諳盡知冷暖。經史讀遍鑑古今。好貨好名終碌碌。何如抱膝作盲吟。

獨來獨往意悠悠。與世無爭安所求？一份閒差强護口。半瓶老酒可消愁。
機心息處忘榮辱。利慾生時多杞憂。他日如逢吉卜賽。窮通何問水晶球。

感懷陸夢墨

栖栖惶惶亦徒勞。為遺離憂讀楚騷。仰望飛雲思振翥。處於逆境忍為高。
韶光掠影遺霜鬢。刎頸交情贈寶刀（昔有寶刀見贈）。笑傲濠梁莊與惠。一襟風月屬吾曹。

雜詠 十四首

如詢何事學低眉。祇是情多傷別離。大好青春空逝去。容顏無復少年時。

枯藤死附苦寒枝。可奈繁華葉落時。顧眄青松風骨在。傲然不作媚人姿。
鐵馬蕭蕭遍九州。揮鞭去後幾經秋。而今惟有秦淮月。空照長江日夜流。
南朝歌舞好昇平。報陷禁城方始驚。最是可憐陳後主。景陽宮井避隋兵。
花心睡蝶喚不醒。葉底高蟬空自鳴。過眼繁櫻凋盡樹。滿園芳草為誰榮。
上古之風久不聞。於今無復孟嘗君。天生傲骨終難換。只合青山臥白雲。
淵明風骨一何高。千古詩魂安可招。歸去田園任嘯傲。寧守清貧不折腰。
摩詰東坡是我師。至今猶傳畫中詩。最宜獨坐幽篁裏。吟唱大江東去詞。
十字架兮西哲死。長留神話說神明。誰為指引天堂路。晚禱鐘聲夜夜鳴。
文章憎命莫心灰。大匠還須費剪裁。愈挫愈堅惟自勵。長期耐苦砥天才。
閒吟佳句作詩篇。小醉和衣抱影眠。無謂應酬都不管。自甘寂寞近中年。
北宮之勇不膚撓。讀聖賢書勵節操。窮且益堅方見志。人前休唱鬱輪袍。
收復河山策未籌。極權統治幾時休。有誰敢作韓人語。不要勳章要自由。
情懷欲訴無管絃。漫將幽恨託詩箋。譜成一卷盲吟曲。誤我韶華十二年。

杜鵑花市正飄香。冠蓋如雲滿禮堂。笑問近來何所事。只為剪彩證婚忙。

圓山橋畔見乳燕爭飛偶感 二絕

乳燕成群掠水飛。清波上下盡烏衣。人前切莫誇王謝。東晉風流已式微。
一抹青山隱翠微。雙釵剪取彩霞歸。夜來且伴松雲臥。不向人間傍素幃。

贈葉醉白將軍

聞君名早識君遲。久仰將軍畫馬奇。不飾鞍韁馳綠野。那堪錦繡立丹墀。
依依故國空殘壘。漠漠寒星拂大旗。收復河山猶有待。揮鞭一戰定邊陲。

拳馬歌 醉白將軍從余習太極拳，余將從之畫馬感賦。

我在圓山噓白雲。雲中邂逅葉將軍。將軍漫誇太極好。深諳此道堪防老。
凌風而立語朝陽。把臂論交仰天笑。以字換鵝傳美談。以拳易馬皆因緣。

右軍之字葉公馬。時人求之信無價。將軍畫馬如龍駒。我畫之馬如蹇驢。
將軍騎馬事長征。詩人騎驢任自如。騎馬騎驢全一樣。世人何須空著相。
非驢非馬更何妨？休得為此增惆悵。

短歌行 并序

仲方先生，筆名龍套，任大華晚報主筆有年，為人拙於辭令，不善應酬，故避居於酒泉街臨濟寺邊之陋巷，以杜交遊；其文章高雅，為余所深愛也。先生與余同鄉、同姓、且又同居一樓，天涯萍蹤，莫非因緣。每值閒暇，對燈夜話，至得意處，輒忘形大笑，賦此短歌，以誌鴻爪云爾。

龍套先生髮皤然。文章憎命不尤天。孤身羈旅更誰憐？謀生幸賴筆如椽。
他鄉喜結文字緣。同住一樓時往還。我敬此公敬其賢。此公愛我之狂狷。
得失何勞縈心田。對燈笑參野狐禪。因避交遊臥酒泉。懶與權貴相周旋。
沽酒惟望潤筆錢。心身交瘁老報壇。回首滄桑四十年。世事猶如過眼之雲煙。

感懷龍套

同是天涯成忘年。閣樓上下聽酣眠。案頭日曆飄殘夢。鄰寺鐘聲破曉煙。
談笑喜聞齊野語。徘徊愁對夕陽天。離人多少思鄉淚。流眄星河一泫然。

贈黃啓瑞先生

百萬市民百里侯。七年歲月亦悠悠。人情冷暖陰陽面。宦海波瀾載覆舟。
垂釣方欣煙水闊。品茶偏愛桂香浮。謝公且自東山臥。眼底風雲一笑收。

呈李煜老 有序

癸卯秋，煜老（石曾先生）函邀汲廬與余便餐，嗣因汲廬忙於畫展，未克踐約。日來偶憶「文章倚馬、道德猶龍」句，惟公之道德文章堪以當此。用東冬進退韻賦呈。

燕趙多奇士。古今慷慨同。文章傳倚馬。道德嘆猶龍。

事創千秋業。名高一代隆。休閒開國手。還待策征筇。

彭品光兄招飲胡俊卿作陪賦謝

感君招飲意。聯誼三人行。浮玉一杯酒。吟風萬古情。
衣冠何足貴。肝膽慰平生。勿謂知音少？詩文共品評。

登圓山過臨濟寺

登高宜遠眺。拂面晚風馨。水映長天碧。山緣喬木青。
疏鐘鳴古寺。夕殿度流螢。苟能明心性？何須入佛庭。

漫步

山徑連丘壑。紆盤路轉迷。風林飄翠羽。燦雨落紅霓。
疊障新詩稿。蒼松舊畫題。漫遊任所至。何用辨東西。

甲辰夏酒後感此

酒起中年困。那堪載酒行。綺懷刪欲盡。白髮剔還生。
屋鳥非關愛。琴書未了情。夜闌人不寐。沉醉一天星。

分東廣元廣仁法師

為踐佛門約。輕車過樹林。近山消暑氣。入寺息塵心。
法自靜中得。僧須方外尋。遠公棲隱處。空谷滿清陰。

賀藍蔭鼎先生榮膺世界十大水彩畫家

國際老名士。中華大畫家。有圖皆煥彩。無筆不生花。
揖讓青雲路。巡迴白鹿車。藝文千古事。留待後人誇。

壬子夏夜讀花延年室詩感呈漁叔教授 四首

開卷時聞翰墨香。李侯佳句繼初唐。蕉窗一霎湘簾雨。檻外飛聲送晚涼。
無官樂得一身閒。學苑新栽九畹蘭。搴箬清風吟未定。醉看眉月畫闌干。
吟到睡顏帶枕痕。且從薪火藉餘温。時人何解離憂意？可駕蒼虬叩帝閽。
雅好詞章得句遲。為耽吟詠昔成癡。花延年室詩風古。不是楚人愛楚辭。

秋 思 四首

遙昔相逢日。鵲橋夜渡時。海雲舒彩翼。山月歛秋思。
刻骨一身債。還君百首詩。看星人立倦。空惹露華滋。
剝復西風起。春歸何處尋？飛花飄客夢。落葉墜秋心。
酒興依年減。鄉思入夜深。樓頭一片月。猶自照升沉。
折翼憐孤侶。遼天一雁聲。煙凝秋水重。雨過宿雲輕。

無意邀新寵。終身托舊盟。吟沉星月冷。遙待曉霞生。
久患思鄉症。其如無藥何?壯懷悲日暮。華髮占秋多。
佇待珠還浦。垂呼夜渡河。年年江海客。羈泊老煙波。

松山吟

顧盼松峰小。登臨方始高。鳥鳴春寂寂。風和木蕭蕭。
寓目千叢碧。歸心一水遙。投閒丘壑上。只合隱漁樵。

癸丑詠懷 二首

廿載棲遲休自嗟。漫將基業委塵沙。中年飄泊無歸宿。一旦安居即是家。
開卷不須愁永晝。舉杯何得醉流霞。杜門誰省憑欄意?背立吟風待月華。
綺懷恬退嬾登樓。山自蒼涼雲自浮。粉墨遑論悲喜劇。吟觴沉醉古今愁。
袖珍風月憐青鬢。蟻穴衣冠笑白頭。湖海幽情何所似。一竿煙雨一綸秋。

古印新詠 并序

名建築師張紹載兄，雅好金石。收藏頗富，余偶羅致一二閒章，亦有可觀者；茲以鐫文，連綴成句，雪泥鴻爪，俾資留痕而已。

人生雅興好收羅。樂在其中鑑賞過。惜自紅羊浩劫後。名家字畫已無多。
誼同金石共珍藏。不薄陶瓷愛印章。最是隱梅多古趣。冬心存記更無雙。
月下東山弄笛聲。鏗鏘音韻尚分明。詩顛笑傲吟風裏。一曲悠悠飛玉京。
中年癖好詩書畫。難得慎思明辨人。八島巢夫訪載佛。先評年代後論文。
愧負平生祇自知。消閒惟有畫中詩。淵雲妙墨開新境。千古風華不可期。
萬金焉得抵家書。雲外雁來雁去疏。自別親朋無一字。臨風問訊今何如。
過眼煙雲豈有常。何堪避世笑佯狂。有朝得償還鄉願。咬實菜根分外香。
吾家冀魯若為鄰。雅好相同轉相親。快雪時晴今難見。空餘微雨浥芳塵。
甘為笨伯懶爭先。欣結人間翰墨緣。君子遜懷焉遜志。此身何得托林泉。

華有清香月有陰。從知松柏古人心。淵明賦罷停雲句。採菊東籬和醉吟。
風流小篆散金石。終日摩挲未忍離。晶潤宜人荷葉綠。琴書相伴自娛之。
世代傳薪任自然。晚年惟願子孫賢。春華秋月渾閑事。終老書城文物間。

西泠八家歌 有序

清代錢塘丁敬（鈍丁）、黃易（小松）、奚岡、蔣仁、陳豫鍾（秋堂）、陳鴻壽（曼生）、錢松、趙之琛（獻文），均以印學鳴於時，世稱西泠八家，亦稱浙派。今效杜工部「飲中八仙歌」形式賦此，聊以遣興。

鈍丁治印世無倫。千五百年第一人。小松篆刻振芳塵。青出於藍妙入神。
點石成金衆所珍。奚岡渾樸法先秦。人刀俱老功力純。不拘一格不求新。
蔣仁一笑兩眉伸。自稱煉石女媧民。戶履之聲求索頻。秋堂摹印秉千鈞。
力挽矯揉趨雅淳。曼生恬淡樂清貧。鐫文古秀見風神。一代聲華歌美侖。
丹青幽石自為鄰。錢松拓石如批鱗。出入丁黃得傳薪。蒼潤何曾讓二陳。

獻文小篆最傳神。石鼓秦碑是前身。

金石歌

西泠八家尊丁黃。我有丁黃印二方。鐵筆繆篆追秦漢。名師高弟相激揚。
一字千金求弗得。青田花乳為生光。由來金石最長壽。收藏較之書畫久。
丁敬黃易倡於前。奚岡蔣仁振其後。繼起四家皆有成。治印全仗雕龍手。
吁噫戲。小心落墨、大膽奏刀。縱橫刻就、摩挲自豪。今古詞人多性癖。
情之所鍾愛金石。深巖開出白芙蓉。從此無須誇琥珀。上品在精何在多。
九印譜成金石歌。公退之餘逛古肆。藝林風月照吟哦。

感 時 六絕句

靜觀世事如棋局。對弈何妨讓一車。論戰攻心為上策。紆籌失算滿盤輸。
有道兵凶而戰危。爾虞我詐漫相欺。早為曲突移薪計。休待焦頭爛額時。

棄甲越南惟撤軍。但求屈辱靖塵氛。季卿浪得和平獎。豈意中東起戰雲。
獨眼將軍善用兵。戈蘭一戰逼敘京。回師夜渡蘇彝士。截擊埃軍十萬名。
戰地鐘聲運補忙。美蘇旗鼓更相當。以鄰為壑交征利。小國寡民應自强。
梅爾夫人世所欽。鳴琴而治正官箴。甫停戰火倡和議。長抱仁民救世心。

讀清史感懷左文襄公兼呈左曙萍先生 筆名關外柳，黃埔六期。

虎帳談兵兼說文。西征大將喜高論。千秋勳業垂青史。一代功名勒玉門。
疇昔廣栽關外柳。於今長憶左家軍。天山過盡南歸雁。羌笛悠悠月下聞。

送陳毓善翰長之關島 河北望族

行旅何須問素封。登機揮別夕陽紅。能容四海無畛域。離析此身有異同。
近代人豪空冀北。兩河忠義老江東。浮槎我亦投荒客。客裏送君嗟轉蓬。

世界詩人大會在臺北舉行感賦

中華文酒會。舉世共登臨。詩豈分新舊。人徒別古今。
南州風物盛。東海水龍吟。但見嘉賓至。從知天下心。

離　情 二首

別後念茲如在茲。思君惟有讀君詩。情懷欲譜鶯啼序。眉月低吟紅豆詞。
十里長亭春色晚。一簾幽夢素心知。琴窗飄落郵花片。但說歸期未定期。
歸遲莫道不關情。一枕思潮連夜生。收拾芳菲春已了。重搖風扇夏方盈。
蛾眉終古琵琶怨。翠袖輕羅笑語聲。翹首雲天成悵望。羨君到處以詩鳴。

秋　懷 四首

臨別低徊意未申。誰知讖語竟成真。縈懷莫道心無悔。自責諱言事有因。

片片郵花飄海隅。依依雲樹隔香塵。愁顏盼到人歸後。看取眉端月展輪。
冀從太上學忘情。何異夏蟲知語冰。舉目無非千里客。低眉似對六朝僧。
佛前慵自求因果。身後安期了愛憎。醉眼看花渾有淚。吟邊尋夢杳無憑。
一去桃溪不可尋。漁人指點到如今。從前只道相逢晚。別後方知離恨深。
南望猶期珠合浦。北迴空怯歲寒心。遙思碧落千帆外。秋水悠悠更幾潯。
天地有情楓葉丹。埋愁何待百花殘。揮毫不寫秋容瘦。看劍偏宜星斗寒。
近代思潮新格調。百年文物舊衣冠。畫圖最愛湘妃竹。偕隱煙波作釣竿。

塞島之戰感賦

和談時代信非真。塞島烽煙起戰塵。謀國有方誇策士。連橫無術笑蘇秦。
一腔熱血哀希臘。千載詩風感拜倫。遍地干戈思淨土。天涯同是亂離人。

范公澘詞長贈詩十年後次韻奉和 二首

今生已是入中年。意氣消磨漸坦然。白首窮經非所願。游心於藝有如仙。
清談小酌杯中酒。奉佛時燃案上煙。閒暇坐看雲出岫。未知何日放歸船。
論交廿載揖清塵。詩酒唱酬誰與倫。分韻推敲歌古調。平生辛苦作詞人。
可堪風雨憐孤雁。無復梅花報早春。故舊於今若相問。引杯不似昔時頻。

附「贈蓬萊王幻」并序

范公澔

蓬萊王幻，養疾列島，率性達生，每一思予，輒翛然枉駕。過海嘉賓，談瀛好伴，促膝之樂，幾無虛夕。憶浮雲初遇，流水十年，誼已分愁，情兼同調，不可無詩。

片雲孤鶴幾經年。聚散依違盡偶然。風月有情屬我輩。塵寰無著似神仙。
門前濯足滄浪水。島上吹笙玉樹煙。不滅不生摩詰病。適來適去子猷船。
竹林嘯詠傲前塵。青眼高歌亦絕倫。獨愛君為齊野語。不知我本楚狂人。
物情鬱鬱三生夢。天意悠悠萬象春。忍令風光流轉盡。催詩勸酒莫辭頻。

遙寄

故人千里寄書來。剪取郵花燈畔開。一點春愁攖小恙。了無秋夢慰離懷。
此心已逐行雲去。歸棹傳將載月回。海外若逢青鳥使。舊時鷗侶莫相猜。

戲題棻兒百日小照

余年四十八。喜獲一千金。何去分兒女。只須問愛心。
餓時頻吮手。飽後慣輕吟。解得依懷趣。掌珠入睡深。

乙卯初秋書懷 三首

蘭因絮果更誰知。夙願至今不可期。待到磨磚成鏡日。依稀說飽未餐時。
平生財富書千卷。亂世文章筆一枝。煮字療饑勝畫餅。自求多福信非欺。
愧無餘力濟時艱。著意護持九畹蘭。嘗欲移家依碧野。翻思借酒慰蒼顏。

鳥鳴茅舍幽棲外。人在粗枝大葉間。詞筆不求聲律細。秋懷綺念未全刪。
達者何須傷逝波。福兮禍倚且由他。彈冠蟻穴空餘夢。回首棋坪已腐柯。
處世無妨多忍讓。養生有道致中和。安居白日青天下。看水看山好放歌。

碧潭賞月

清茶香淡水樓吟。時序中秋歸夢深。昨夜瑤臺遺玉鏡。今宵捧出碧潭心。

秋興 六首

卅年江海客。懶散復迂疏。無計容高蹈。有廬供索居。
一窗寒歲月。千卷舊詩書。金石宜清賞。秋顏一笑舒。
涵詠文章氣。平戎策未疏。臨軒開遠境。連月賦深居。
把酒觀陶馬。焚香讀漢書。如何稱快意。但見兩眉舒。
詞人多性癖。其病在狂疏。不屑同流俗。何由卜旅居。

曾瞻摩詰畫。復愛右軍書。若償還都夢。平生願已舒。
嗟余羈旅久。華髮日飄疏。寧伴青山老。豈傍綠浦居。
晚吟靖節句。時習魯公書。寄語堂前燕。雙翎莫輕舒。
營營非所願。親友往來疏。為愛松山秀。比鄰陋巷居。
峰迴秋雁影。月望故人書。何日解歸纜。詩腸待酒舒。
世薄交情淡。胡為分近疏。半生無定所。中歲得容居。
未證菩提道。慵參貝葉書。彩霞紅易褪。笑看白雲舒。

奉贈謝宗安翰長

古皖多名士。此公氣自華。揮毫煙作篆。醉墨水流霞。
王謝無雙譽。詩書第一家。時人稱漢隸。魏晉不須誇。

金石雅集賦呈王壯爲教授

自序蘭亭聲價高。右軍書法振風騷。一池翰墨浮清譽。半世功名屬濁醪。
金石流徽餘我輩。印章繆篆仰君刀。更休閒卻雕龍手。快慰平生足可豪。

感贈黃景南詞長主編自立詩壇暨自立藝苑

今古傳稱一字師。此君與我更相知。他山有石堪攻錯。主筆多年未誤期。
桴鼓揚聲新藝苑。絃歌不墜舊詩辭。書生何患文壇老。衆以為憂獨樂之。

聞故人張尙農膺新職柬寄二首

那得閒情詠落花。聞君新換舊烏紗。開顏有酒醉松菊。彈指成灰看雪茄。
宿鳥歸飛煙樹晚。長橋立盡夕陽斜。我無食祿封侯相。只合東陵學種瓜。
南來詞客忒多情。幾被多情誤一生。折柳空聞風笛怨。寒砧冷落故園聲。
廿年深愛咖啡座。半日消磨痳將城。如此頹唐君莫笑。試吟魏武短歌行。

風雷操　贈「大地風雷」劇作家鍾雷先生

大地風雷動四方。英雄本色正當行。知君半生事戎馬。抗戰八年方解甲。
黃巾禍國難歸田。聯合校尉築詩壇。我乃詩壇吹鼓手。身高六尺膽如斗。
搖旗吶喊大風歌。喚起民魂兮壯山河。

秋風辭　賀「鐵血詩鈔」作者王祿松榮獲中山基金新詩獎

君既能詩復能文。我兼新舊豈空群。古今書畫誰第一。唐有右丞晉右軍。
其他餘子何足道。放眼文園多莠草。誤以鳴高屬懶驢。斗方名士張口笑。
今有人兮王祿松。詩名鐵血筆如龍。筆如龍、詩瀝血。染紅千樹梅花雪。
但見梅雪舞繽紛。不知何日朝漢闕。

賀黃雍廉三度榮獲國軍文藝金像獎　曾任陸軍中校政戰官

曾記君家上將才。於今勳劍棄蒿萊。盡其在我從軍去。何怨乎人退役來。
千里孤帆湘水遠。一肩兩朵鐵梅開。報章又傳頒金獎。連捷三元亦壯哉。

壽周樹老 并序

公曾長河南大學，百年樹人，桃李半天下。嗣膺選行憲首屆立法委員，對國計民生，多所建言；著有「十年論政」及「澹廬詩鈔」行世，尤擅於書法，為士林所珍。時年八八高齡，耳聰目明，步履猶健，望之若六十許人，洵有道之士也。

夢向汴京詢故人。鶡冠猶帶洛陽塵。中原一老無雙壽。上古八千有大椿。
九畹清芬蘭與蕙。平生澹雅德為鄰。還都再晉期頤頌。舉國稱觴酒百巡。

和樹老過澹廬舊宅感懷 四韻

南飛征雁有餘哀。憶昔曾過舊釣臺。芳草應憐人去後。青山凝眄賦歸來。
一別經年又晚秋。澹廬風月照吟樓。且看手植千竿竹。蒼翠成陰何所求。

洪流競渡水三千。風雨聲中聞杜鵑。行見兩河忠義士。追隨驥尾早歸田。
仁者壽兮德自芬。林泉何得避青雲。國之大老身猶健。書法勁如王右軍。

附原作

周樹聲

路上輪馳汽笛哀。澹廬無復舊池臺。感懷二十年前事。曾集吟朋宴飲來。
澹廬一別幾經秋。近水依山上小樓。城市山林塵外客。靜修養性更何求。
手栽翠竹竟盈千。彩色繽紛看杜鵑。池底游魚方逐隊。況當荷葉正田田。
園中群卉競芳芬。樓上高臺接暮雲。往事豈堪回首問。清詞空憶謝參軍。

懷舊

病骨憐孤鶴。歸田願未酬。一秋涼到枕。兩鬢白當頭。
茶冷書城困。桂香月夜浮。思親盈掬淚。寄與片雲流。

自適

秋老蟬俱寂。護林事已賒。未餐鐘後飯。安冀壁籠紗。
斗室琴書臥。長廊日影斜。不愁杯酒盡。換盞飲清茶。

棻兒周歲喜賦

我家小女兒。冰雪是前身。六月知承寵。周年會膩人。
怫然看撇嘴。快樂笑生春。豈望汝成鳳。髫齡好自珍。

歲暮有所思 二首

歲云暮矣旅愁深。遼鶴何年返舊林。冷眼綜觀天下事。他鄉已負故園心。
千金買賦長門怨。雙淚垂和節婦吟。昔自焚琴人去後。高山流水少知音。
剝落朱門歲月侵。百年功業幾浮沉。讀書仰體聖賢意。觀俗可覘天地心。

貧到一身無酒債。詩餘千載有知音。漁人迷失桃源路。古代衣冠不可尋。

丙辰四月五十初度 二首

人生七十方開始。我尚差餘二十年。日麗中天思振奮。歲經半紀志趨堅。
消愁遮莫勤斟酒。伏櫪胡為倦著鞭。送別春風迎夏至。自鳴高潔讓秋蟬。
五十焉知四九非。他鄉雖樂不如歸。和風送雨青苗秀。有酒盈尊紫蟹肥。
所望白雲親舍在。徒憐總角故人稀。相逢休説西州事。誰識東萊老布衣。

次九夷居書懷原玉 二首

浮海那堪問謫居，漫天風雨一茅廬。顧無長策寄人下，賸有此身哀劫餘。
我逐鷗波空浪跡，誰憐眉月照庭除。鏡中華髮白將盡，化蝶還鄉夢已虛。
嘗自持竿近釣溪，臨淵暫托一枝棲。閒參佛典明知見，笑對莊生論物齊。
家有藏書真富貴，文無俗韻貫中西。客來翠竹茶煙外，新作吟章共品題。

附原作 寄自香港　　吳漱溟

去國投荒此卜居，側身天地一蘧廬。飽經變亂撐腸慣，漸覺哀時亦贅餘。
往史沈吟迷黑白，浮生得失付乘除。痴兒那解邦家事，填海移山願總虛。
曲徑籠陰傍小溪，山阿賃屋等巖棲。閒觀漲海朝昏變，自養天倪物我齊。
步月人懸橋上下，浴波鷗逐艇東西。南來莫歎夷居陋，別有風光足品題。

幽居賦 二首

搖落前朝舊世家，烏衣門第莫漫誇。雙釵乳燕翩飛去，一髮中原入望賒。
南國香沈桃葉渡，東陵老賣故侯瓜。古今多少興亡事？付與寒煙晚照斜。

又

為憐梅鶴護煙蘿，隨遇而安客裏過。古道猶存欽北海，壯詞足式愛東坡。

年來酒興詩情減，居近山林逸氣多。喜展愁眉新月淡，一庭蟾影自婆娑。

嵩兒彌月值中元夜感此

五旬添一子，是歲屬龍年。幸得承宗嗣，何能望汝賢。
稚顏娛晚景，秋月喜初圓。值此中元夜，新涼正好眠。

美洲之旅 有序

丙辰秋，余經東京、洛杉磯轉赴哥斯達黎加首都聖約瑟，一月賦歸，詠此短章聊以誌事。

閒雲出岫逕西行，萬里相酬一片情。故舊彈冠歌洛市，新秋佇足話哥京。
椰香十里晨風度，鵬翼九千夕照迎。叩罷蘿扉花影淡，夜懸星斗拂歸程。

步黃景南詞長偶成四韻

捨其雌者取其雄，棄稿儼同歎落紅。詞筆安期天下重，生平志業振文風。

古今佳作允非邪，書畫收藏倍五車。舉世營求惟自笑，一身風骨詠梅花。
數徑幽棲半是苔，迎窗幾見桂花開。小池清淺知魚樂，何患蒼顏白髮催。
臨眺青山鬱不凋，得延餘脈路迢迢。萍蹤欲泛桃溪水，漫向林泉問隱樵。

附原作

自立詩壇主編　黃景南

酒邊詩思自渾雄，春暖花開一夢紅。絕好月斜人靜後，高樓獨坐聽松風。
焚香習靜思無邪，坐擁圖書富五車。未老詩心還自勵，窗前鐵樹正開花。
雨潤假山生綠苔，燕脂花艷映池開。悠然閒共群魚樂，未覺流星歲月催。
鬱鬱鳶山樹不凋，澄清峽水自迢迢。吾鄉儘是佳山水，何日歸歟約老樵。

丙辰冬遷居聯合新廈鄰近逸仙圖書館

風自清兮雲自舒，逸園喬木入冬疏。山移秀色轉蒼色，人喜新居懷舊居。
時過境遷秋已遠，葉殘花落水縈虛。回頭不見南飛雁，北望中原有故廬。

賦呈張繼正秘書長 用留候事

博浪伏錐心自雄。咸陽月似獵人弓。滅秦全仗紓籌策。興漢應推輔弼功。
仁者行仁新政績。相門出相舊家風。昔賢憂樂先天下。一代勳名仰太公。

丁巳春懷

逝者如斯去不回。循環日月競相催。案頭幾度換新曆。燈下無眠思舊醅。
為築畫堂巢乳燕。偶師古意寫冬梅。陽明將屆賞花季。莫待山櫻開後來。

偶感

往昔嘗吟行路難。而今始識旅途艱。少不更事頻呼酒。老合投閒靜愛山。
濁世猶期身獨善。明時何用戶長關。傳家莫道無餘地。廣拓福田方寸間。

送別梁新人鄉長返澎湖二絕

北雁南飛比翼行。迴翔嵊泗又崇明。依稀記取滃洲事。幾度同舟風雨情。

警棲未定復南遷。他日相期共北還。聞道故人今夕至。明朝話別意拳拳。

登山漫興三首

近歲負丘壑。春來獨步尋。山林歸逸士。谿水送清音。入境隨鄉俗。離塵識道心。登高何所見。碧落抱青岑。

但得隨緣住。浮生幾樂憂。長懷巖穴志。愧作稻粱謀。雨過山凝翠。風微樹自幽。可知煙水外。海市隱蜃樓。

誰會登臨意。人荷晚照歸。呼杯添酒興。仗筆解詩圍。顧影慚高鳥。停雲尚白衣。棲遲滄浪客。夜夜夢思飛。

題畫 并序

丁巳夏悰嗒艸堂雅集，本慧上人（俗名任博悟）與葉若舟、張慕渠諸君子，合作尺幅數紙；屬余題句，率成四絶，聊博一粲。

一隻小蜻蜓。飛棲蓮梗上。從知天地心。人我均無相。
揮毫寫數竿。休道居無竹。藻繪見真情。何為分雅俗。
空山臥隱淪。避世徵不起。琴韻古如松。誰聆絃外旨。
清白若僧門。菜根香可口。艸堂靜且閑。愛此山中趣。

敬和本慧上人「掩關三月有作」及「舒懷」二律

自我掩關息緣陰。形同靜鶴抱禪心。有情畫與詩書老。無著慧同戒定深。
一念六根皈性海。孤空五蘊見靈岑。衆生若問西來意。微笑拈花言外音。
王字由來尊虎頭。時不我與困孤洲。隱几太息仰天嘯。對酒當歌散旅愁。

獨立長河看落日。行看明月照荒邱。古今慣説痴人夢。蒼狗白雲空自悠。

附原作　本慧

自織繁柯作密陰。滔滔誰識退藏心。危言不去終成障。宿垢全清慮轉深。
迢遞長河歸大澥。嵯峨巨巘在高岑。空餘化境通禪悦。法界還流布勝音。
逐客卅年霜滿頭。浮萍意外滯瀛洲。長天寥落餘孤憤。萬古行藏鬱古愁。
世事無憑惟説夢。人心不悟總荒邱。因緣頃刻通空幻。嶺上白雲自悠悠。

呈查福元先生　四韻

少時曾習查家拳。中歲逢君欣有緣。不道眉端凝劍氣。更於何處見貞堅。
魚龍相得忘江湖。比座為鄰道不孤。燃紙成灰看落蒂。重啣煙斗伴吟鬚。
漢留餘脈老袍哥。策馬西川逐逝波。馳向峨嵋尋古跡。欲登金頂挽銀河。
八載還都下漢津。繁華未滅石城春。至今猶憶巢湖蟹。佐飲壺觴醉白蘋。

戲贈半月樓主

故展雙眉一笑橫。風流小扇掌中輕。遙憐燭影搖紅夜。半月樓頭月半明。
崇尚窈窕惟減肥。祇因時代重三圍。長年光顧服裝店。狀似嬌柔不勝衣。

飛虎行

駕機立志向東飛。背負青天朝紫微。萬里風雲生腋下。扶搖雙翅耀銀輝。
今日何期逢七七。懍乎大義拋妻子。幽幽鐵幕無人權。為爭自由輕生死。
挺身而起又其誰。應頌四川好男兒。勝利來歸振臂笑。萬人空巷覩英姿。
勇者之勇慫果敢。能奪敵魄寒敵膽。沖霄一舉姓名揚。天下皆知范園焱。

重陽前夕解除寶佩颱風警報感詠

無風無雨過重陽。寶佩姍姍轉遠颺。社會安和人樂利。民風敬老酒盈觴。

攬勝如觀花鳥畫。臥遊長憶水雲鄉。徐步騁懷臨四野。千峰在目鬱蒼蒼。

秋望

憑軒小立氣橫秋。迢遞青山思遠遊。掃興只緣風作梗。尋幽何待雨添愁。
悠悠誰念吹簫侶。渺渺予懷泛月舟。瞬息陰晴安可料。層雲入夜未全收。

夜思

華髮留痕歲月侵。彩雲易散渺難尋。參商猶自分吳越。世代相承說古今。
好事多磨憐子女。愁懷久積疊秋心。飄飄燈火共遙夜。賦罷新詞意轉深。

自笑

自笑生平少有才。老依案牘不為哀。賦詩直似嗜痂癖。論劍偏宜傾酒杯。
深信疏交能遠怨。始疑設祭可消災。知其所蔽明心性。去偽存誠亦善哉。

感懷劉建化鄉兄 二首

吾鄉連陌世為鄰。孔孟遺風鄒魯淳。仰首泰山觀旭日。臨流渤海眺天津。
昔年曾踏遼東雪。何月得騁冀北塵。丁卯同庚才半百。再逢丁卯伴歸輪。
論交宜舊酒宜陳。結伴還鄉老更親。文薦鴻詞光魯殿。武思猛士靖胡塵。
中華子弟滿天下。萬國公民多漢人。行健八旬方作壽。彈冠相慶故園春。

哀世局

墨瀋未乾盟已寒。兵亡南越撒南韓。人權標準似搖擺。道德外交任汗漫。
揮淚罷官看走馬。沐猴搔首笑加冠。侈談關係正常化。敵友不分復相殘。

中興頌 總統題名

萬邦景仰謁慈湖。千古英風護版圖。遙見雲旗招展處。青天白日照長驅。

少康一旅昭中興。況擁貔貅百萬兵。天下蒼生齊翹首。民心思漢望臺澎。

嚴公祠 用子陵事

舉賢以代溯陶唐。揖讓而為天下倡。抵足無心犯帝座。辭朝始得樂濠梁。
百年大計推支度。先哲高風在退藏。歸臥富春留勝蹟。一江煙水自泱泱。

棻兒三周歲生日

愛女三周歲。執刀切蛋糕。一庭添喜氣。千日忘辛勞。
髮秀低垂額。身長可及腰。為歌生日樂。小臉泛紅潮。

遇廣元法師于悰嗒精舍

不期欣相遇。道貌復依然。安證菩提果。時參書畫禪。
一心皈淨土。弘法結塵緣。承問天倫趣。何如伴佛眠。

清巖和尚肉身法相

新店海藏寺。孤僧轉法輪。苟能明正覺。大化塑金身。
戶繞寒潭水。山橫故國春。慈航如可渡。回首出迷津。

戊午春遊

新春逢麗日。攜幼碧潭遊。放棹迷歸夢。垂綸羨釣舟。
陽和人若鯽。民富樂忘憂。投影清流上。水雲片片浮。

端　居

歲月幾蹉跎。蕭然知命過。潛心研佛理。戴髮負頭陀。
遜志交情淡。舒懷感慨多。端居常自省。處世貴人和。

詠志

涵詠惟詩酒。功過不足言。停雲依海表。流寓失田園。
豈識泉無脈。應知石有根。感時憐伏櫪。千里志猶存。

壽耐秋詞長六十

六十開花甲。八千壽大椿。君家三峽水。歲歲遶吟塵。

逸興

一陣黃昏雨。長空落彩虹。懸弧天際月。疑是愛神弓。
大千飄晚籟。舊夢迭留痕。吟眺繁星冷。孤雲無片言。

夜雨

吟窗千葉雨蕭蕭。一枕孤燈冷睡袍。聲息相關簾際燕。愛心終老護翎毛。
無愧於天積福緣。靈臺若昧枉修禪。睡前宜飲一杯酒。春夢悠悠和醉眠。

題北臺風光圖

漫自畫圖遊北臺。千峰毓秀錦屏開。水環三峽溪頭去。山迤七星崎腳來。
漠漠蘭陽延綠脈。悠悠野柳渺蒼苔。仰觀逸墨飛雲氣。大筆淋漓彌壯哉。

古劍歌

家藏一古劍。鋒刃盈尺長。利器宜乎短。君不見魚腸。
以之刺吳王。專諸意氣揚。以之刺秦皇。荊軻俠骨香。
若論此劍何其古。應屬清初明末物。再看此劍何其佳。不生銹兮青鬱鬱。
昔逐征騎度玉關。狂沙萬里凌蒼顏。曾斬虜頭飲胡血。寒光照徹天山雪。
時來鑄作英雄器。運蹇棄之同凡鐵。有朝古劍化為龍。橫海重振大漢風。

干將莫邪今安在。沉埋千載杳飛虹。

觀畫行

十五嘗學劍。五十畫梅枝。自得縱橫意。無妨落墨遲。
偶臨文物館。觀賞起吟思。濁世清華滅。品評殊費辭。
攀交高雅士。浮繪亦生姿。君不見故宮展覽四僧象。
望之儼然老畫師。

宣爐吟

為有大明宣德爐。款題小篆「琴書侶」。遙天相憶伴添香。竟夕焚心懷故土。
九轉風磨百鍊身。飽經世變老煙塵。古顏蔭燦青銅色。不叩不鳴彌自珍。

卜居

浮生何所事。相競較錙銖。落拓江湖士。知非孔孟徒。
時吟書脫頁。怯飲酒盈樽。為受家雞累。安須問遠圖。

秋夢

盆栽花木秀。清賞有餘芳。夏去蟬嗟老。秋分夜轉涼。
遲眠茶作伴。欹枕月迎窗。空有思歸夢。海天各一方。

國慶日逢重陽節感賦

碧血黃花凝晚香。歲逢雙十迓重陽。渡江名士多長壽。開國英才偏早殤。
垂老依人猶作客。丁年背井未還鄉。王師直下金陵日。歌罷大風共舉觴。

清興

問君何事老吟塵。稽古平添白髮新。前代流輝多逸韻。中華書畫最宜人。

偶從片幅分唐宋。久向封泥鑑漢秦。一角文明延絕緒。為尋清興不辭頻。

有省 再用前韻

賢與不肖卜同塵。交接何須論故新。廣結善緣其在我。自求多福莫尤人。
咸知原璧終歸趙。孰信浮槎可避秦。省識移家非所計。杜門為謝送迎頻。

呈余先達先生

楚鄉多國士。慷慨古今同。名以經綸著。德崇政教功。
湘水千江秀。衡山五嶽雄。相望眉如劍。但期肅世風。

懷查福老

早被儒冠誤。平生篤義行。學書思濟世。橫劍愛言兵。
立業無長策。為官有直聲。頭銜何所似。四品老章京。

冬訊

片帆南渡後。歲歲負歸心。無計匡天下。有詩詠古今。
思飛雲出岫。吟倦鳥依林。一夢滄溟遠。八荒暮色深。
蕭蕭風簷雨。切切故鄉音。欲問東萊訊。沉鱗更幾潯。

韓邦事變 二首

生死之交信難猜，逢君好惡挾君裁。千觴未足酬知己，一夢成塵失霸才。
晚宴槍聲方激盪，謠傳政變復低徊。漫天風雨唳秋雁，舉世同悲青瓦臺。

疊前韻

竊國竊鉤世所猜，為王為寇不同裁。治平若箇是良相？戡亂其誰稱將才。
冠蓋京華皆故舊，歌姬舞扇共徘徊。人生原象一場戲，半似前臺半後臺。

奉贈馬五先生 有序

庚申元旦後五日，余與香港自由人報總主筆馬五先生，晤談於台北市青年會館，歸後賦此，以誌泥爪。

文章天下重，筆陣自由人。久仰衡門士，偶逢淡水濱。
歲開元旦日，冬暖小陽春。報國書生志，其甘作逸民。

有所悟

簞食一瓢飲，安和隱市居。三心不可得，無相本清虛。
疑問維摩疾，靜參貝葉書。鏡臺何所著？吾性自如如。

春之頌

民樂利兮衣食豐，維春莫莫海雲東。連天芳草無心綠，空谷幽蘭不肯紅。

一水遙憐鄉夢遠，卅年未見內河通。為期來歲賦歸棹，載酒尋梅看雪融。

花季吟

今歲陽明花季早，香飄花徑逐花叢。鳥鳴姹紫嫣紅外，人在輕顰淺笑中。
白日高歌春欲醉，黃昏散綺色成空。一丘一壑皆如畫，天地悠悠萬古同。

端陽詠

年年端午節，但見賽龍舟。屈宋詩風健，湖湘詠歎流。
懷沙潮有恨，清節世無儔。若問高唐夢？巫雲片片浮。

五月思 并序

家興大兄於己未夏（時年六十四）遭車禍，跛一足；然對經營之小文具店，猶樂為之，以示自食其力也。

離亂堂兄弟，舟山喜相逢。工商承祖業，忠厚是家風。
老計蠅頭利，誰憐跛腳翁。今生何所願？祝望九州同。

逸園行吟 三絕

逸園池畔樹，春色尚依依。回顧同林鳥，棄巢各自飛。
東海天方曙，西州月正妍。長年無一夢，晝夜不同眠。
病禪文字障，孤寂抱詩心。遙念僑居地，低徊去國吟。

獨坐品茗 二韻

古今同嗜飲，惟愛酒與茶。細品滌塵慮，清芬衆口誇。
幽棲座上客，宜興小茶壺。日日共君飲，人孤道不孤。

感懷

落落交情淡，求全難自期。言行同表裡，義利介藩籬。
礪志惟看劍，抒懷且賦詩。待償兒女債，悒悒寸心知。

有柬

世人多重利，吾輩應莊强。同契緣同好，退居守退藏。
為錢終反目，背信飽私囊。爭到面紅處，相看髮已蒼。

偶興二絕

多少違心事，胸懷一笑開。頑軀猶健飯，逸興屢銜杯。
樂是消愁葯，動為卻病方。孰明清淨理？無欲即康莊。

中秋對月

今夕中秋月，皎然海上圓。盈虛三十載，吟老碧雲天。

千古冰心悔，一簾素影孤。夜深風露冷，休得問離居。

植物園即景

天氣迎秋爽，探花植物園。荷塘飄翠羽，一水碧無言。
小橋宜小立，背影曳斜暉。比翼憐雙燕，吟風傍水飛。

古瓶辭

天予嗜古癖，中外同心理。何以得居奇？物稀為貴耳。
古之瓶兮色盎然，不歸有德歸有緣。釉分五采悅心目，相對忘餐復忘眠。
若問古瓶何其古？大明萬曆之瓷土。輾轉南都又北都，幾經舊主易新主。
回首滄桑遺恨多，愁聽商女後庭歌。逢人休說前朝事，千載文風相賡和。

辛酉仲夏南投之旅 二首

聞道溪頭好，我來作旅遊。遙看松聳翠，近聽鳥鳴柔。
海拔高千尺，水橫獨木舟。迎窗風習習，夏夜爽如秋。
早起觀神木，驅車下碧嵐。長途山在抱，一路夢猶酣。
瞻仰慈恩塔，巡行日月潭。未能空色相，留影助清談。

遜志

吟風度曲老閒身，遜志惟同書畫親。思古靜觀三代器，薄今不見六朝人。
半仙半佛閒葷素，足食足衣孰富貧。樂業安居如盛世，天涯且作太平民。

春宴 有序

壬戌春，詩人瘂弦邀請陸珍年、莫洛夫、吳美凝與我在永和寓所晚宴，老友相聚，倍感親切。席間春雷催雨，共話楠梓舊事，不覺凌晨駸駸，東方既白矣。

諒直多聞友，於今有幾人？引杯期一醉，深夜渺千巡。

天外春雷吼，胸中意氣伸。結交三十載，回首話前因。

抒懷 二首

古代多高士，流風已式微。人爭名和利，誰辨是與非。
十步憐芳草，無言對夕暉。孤舟煙水外，空載夢依稀。
春秋更幾代，野草舊烏衣。長嘯乾坤小，偶嗟世道非。
雞鳴天放曙，月落夢同歸。昨夜銀河系，群星拱紫微。

水災

颱風遙示警，氣象報周知。一雨成災日，萬民失所時。
人謀何汗漫，隄堰幾支離。歸罪山坡地，誰為濫墾之。

十普寺奠大兄 有序

壬戌閏四月廿九日，家興大兄病逝台北仁愛之家，享年六十又七，骨灰暫厝十普寺，余與家震弟及戚友擇吉以奠之。

九州生難見，老病有餘悲。莫怨親情薄，長懷零落思。
誦經超度日，安厝待歸期。許償還鄉願，魂兮合相隨。

禪語柬普盛道兄

經受菩薩戒，皈依信有憑。慈舟安可渡，彼岸允同登。
佛土隨心淨，沙門轉法乘。一燈禪榻影，趺坐在家僧。

讀王維傳感懷其人

一身兼五絕，書畫樂論詩。孝行聞朝野，仁風起布施。
終身甘茹素，卅載伴孤帷。如問唐高士，右丞首屈之。

題江山雪霽圖卷 癸亥端午

長卷詩書畫，江山三絕圖。飛瓊浮霽色，積雪照吟鬚。
若得開新境，何妨棄舊模。千秋遺聖蹟，摩詰德非孤。

又

細覽歡觀止，方知筆墨工。藝壇尊北斗，山水啓南宗。
奉佛安禪外，作詩繪畫中。輞川歸隱日，策杖送疏鐘。

奉和吳漱溟先生七十書懷原玉 二首

半生浪跡憐漂鳥，白上華顛添二毛。案牘勞形同俗吏，塵氛未靖慕僧袍。
窮途無妨研周易，蹈海那堪讀楚騷。卌載紆籌皆畫餅，不關痛養隔靴搔。
丁歲從戎老未歸，故園松菊已全非。新朝人物彈冠笑，舊日親朋音信微。

兒女情懷愁未了，英雄事業嘆多違。何時同泛西江月，漫拍舷歌醉晚輝。

壽高陽先生次和棄公原玉

甲子經年歲又新，同聲自是唱酬人。休言信史書非假，漫說稗官事亦真。
白日當天三月半，朱樓暖壽百花屯。聞君詞賦遍鄉井，猶似高陽照古塵。

疊韻似友人

歷代聲華各自新，詩家揖讓宋唐人。吟觴有酒供疏放，世事無常可認真。
白首思歸三徑晚，青雲失路一身屯。風標不減書生色，獨抱殘篇老客塵。

家文先生用周棄公先生韻見贈敬酬以謝蓋四疊此韻矣　高陽

多謝朱樓偶句新，居然酬唱作詩人。欲求信史談何易，自道稗傳假是真。
白日當天三月半（亦借玉溪），玄陰籠海衆憂屯。老來益覺杯中好。傾蓋同消浮世塵。

悲思 有序

甲子雨水後二日，忽獲鄉訊，得悉　先父於五二年因不堪巨變之折磨，自縊亡故（享年五十有四），繼母他適；家人流寓北平，不禁泫然。賦此三絕，藉誌悲思之忱。

三十三年夢一場，九州幾度小滄桑。雲天萬里傳鄉訊，漫自南洋望北洋。
斷鴻零雁有沉哀，逝去青春喚不回。聞報父亡香火冷，何年拜祭墓前來。
情同蠟炬憐餘燼，轉眼成灰泣到今。如問歸帆期久待，流離歲月半浮沉。

申懷

眼涸無餘淚，哀思一悵然。親恩生難報，離緒夢相牽。
流落傾家業，療飢賴俸錢。長期兩岸靖，早日放歸船。

戒酒歌 有序

乙丑立春前二日，知友珍年招飲，欣逢舊識蕭大夫在座；暢懷之下，共盡馬祖老酒十五斤；歸後大醉，翌日即在佛前立誓戒酒。賦此短歌，兼示同好諸君子。

乙丑立春日，志為戒酒期。銜杯四十載，狂醉百餘卮。
酒兮酒兮共君飲，低斟淺酌兩相宜。一旦暢懷無節制，頹然醉倒不自知。
我今誓言而戒酒，幾番躊躇難分手。再拜佛陀許心香，五蘊皆空復何有。

思杯引 柬陸夢墨

昨日戒酒不言酒，今日姑云米汁湯。若是古來無此物，吾曹何以潤詩腸？
明月在天杯在手，吁嘻旨酒介眉壽。行看秋去又春來，有酒不飲何為哉！
待賀新年除舊歲，與君同醉菊花杯。

冬日年景

長冬不見雪，顧眄髮飛霜。臘鼓催年近，新衣試剪忙。

深居常謝客，奉佛獨焚香。團聚全家福，此鄉即故鄉。

詠春

喜上門楣聯句新，每逢除夕接財神。小樓一統家天下，乳燕雙棲笑語親。
紅燭高燒人祈福。金雞初唱歲迎春。今年草嶺花開早，欲賞繁華阻雨塵。

省悟 二首

出雖無車食有魚，常思拂袖告閒居。笑看孺子誇才俊，靜愛僧門讀佛書。
息滅貪痴療宿病，勸修定慧致清虛。人生多少違心事，隨順隨緣復自如。

又

學劍不成學道遲，居安恂以戒為師。巧言令色論交接，割肉喂鷹得鑑知。
煩惱事因錢作祟，忘憂時在酒催詩。樵人若醒南柯夢，回視棋坪一笑之。

幽居四首

樓頂營禪舍，戲題退省軒。卜居新店市，臨眺五峰屯。
近戶園修竹，比鄰築小園。靜觀花木秀，共此度晨昏。

又

唱隨伉儷福，白首許相依。同挽牽情手，獨當司食衣。
憐花輕減瘦，計日淡施肥。學圃多清趣，盆栽映素扉。

又

每遇公休日，此身告索居。偶揮詩畫筆，復讀老莊書。
園闢一弓地，手培千莖蔬。無虞衣食累，分外亦多餘。

又

晚歲皈依佛，直心是道場。詩書宜養性，金石喜收藏。
空發菩提願，了無濟世方。但求知足樂，茶飯有餘香。

呈萍翁夫子 有序

乙丑霜降前五日，張鄉長炳南陪同張老師伯儒，惠臨辦公處所，晤談歡洽。從憶　伯公係我五十年前之啓蒙業師；一朝相見，倍感親切，爰賦七律，以誌因緣。

五十年前雅教淳，今朝相見倍相親。先生有道壽眉古，後學無成華髮新。
萬里欲酬芝罘月，千山搖落故園春。明湖柳色望彌遠，漫向老殘遊記巡。

和家文仁棣見贈 君著有輞川圖鑑賞

張伯儒

久別重逢意摯淳，貽詩話舊道相親。早窺登郡驚才富，今賞輞川持論新。

歲月蹉跎寧守拙，山河破碎望回春。與君共賦中興頌，指日凱旋故里巡。

註：張師為著名畫家，早歲曾從白石老人習繪事。

珍年伉儷移居美洲臨行以蝴蝶蘭一株見贈

可慰離懷酬以蘭。花分蝶翅葉聯翩。千觴酒暖南州夢。萬里鵬飛北美天。
垂老長期重聚首。從戎解甲未歸田。休為去國添惆悵。寄語郵箋相往還。

秋吟八絕 有序

乙丑冬，長女淑娟由北京來信，詢余生辰日期，俾明年為作六十壽。另附其母羅氏口述小箋一紙，敘述別後改嫁始末；並言伊病重住院，迄無起色，料今生相見無期矣。蠶絲蠟淚，悵然不已，爰吟七絕八首，藉抒情思云耳。

往昔辭家別所親，飄萍萬里不由人；至今猶是投荒客，凝目那堪望故津。
炎陽四月耀長空，小滿生辰麥浪風；時近農忙端午節，桃花開後杏花紅。

嘗學忘情難忘情，動心忍性髮星星；重逢丁卯便花甲，六十從頭又一程。
一紙華箋一片心，遙憐病鶴蜷寒林；人生若覺黃粱夢，綠野仙踪未可尋。
離亂同林各自飛，海潮有信定回歸；近鄉情怯知誰在？踟躅煙村認舊扉。
一別卅年滋遠哀，及歸故劍委塵埃；靈犀快似雙飛翼，夢到京華問疾來。
如煙往事嬾思量，為免縈迴九曲腸；慎莫造因消苦果，焚香唸佛度餘光。
閒暇蒔花上頂樓，南天幾見雁橫秋；小園百尺任舒放，浴罷丹霞夕照收。

雙十感言 二首

南溟遯跡幾經秋，北望中原亂未休。碧血黃花懷烈士，青天白日照神州。
一衣帶水歸漂泊，兩岸風潮向自由。今夕又逢雙十節，千燈煥彩倚高樓。

又

非關病酒懶登樓，歲月因循又一秋。萬里河山誰作主？百年事業訴無由。

故園草木荒三徑，離島煙雲暗九州。誤盡蒼生成救世，滔滔八股幾時休。

故友吳美凝逝世周年 任職中國時報司法記者

一病終不起，卅年結相知。文章申法紀，倜儻美丰姿。
驚夢君先逝，愴懷髮未絲。睽違成隔世，旅約永無期。

丁卯冬天恩宮訪道 三首

新店驅車過木柵，天恩宮殿隱朝霞。紆迴曲徑山前路，淨化輕塵雨後花。
直指心源言下悟，衆生果報夢中嗟。常開笑口能容物，大腹如來轉法華。
大道無方尚自然，諄諄告誡孝為先。雙親本是生身佛，四大無非度世船。
晉見前賢唯頂禮，護持後進結因緣。拈花微笑歸依處，正法眼藏一脈傳。
但求傳道不為師，隨順隨緣而處之。一貫名稱遭誤解，千秋志業得堅持。
名山亘古留勝蹟，天道無私釋衆疑。澤及蒼生施法雨，青松翠竹綠含滋。

悼亡 有序

余於已己初夏赴北京，與潤別三十餘載之長女晤面，經出示其亡母羅氏玉琴遺照，端詳再三，無復往日風貌，不免悵然久之。

今生緣早盡，莫怨賦歸遲。本是同林鳥，飛棲別樹枝。
遺容憐雪鬢，無處認青絲。悼念三歎息，人天不可期。

無題

父女初相見，北京四月天。離家方學步，會面竟中年。
春去清明後，雁回穀雨前。為言鄉里事，生死兩茫然。

先登長城後謁十三陵

車馳八達嶺，健步登長城。紫塞群峰聚，雄關萬里橫。

激昂歌燕趙，興廢説明清。走過皇陵道，猶懷思古情。

塞班島弔古戰場

數澁塞班島，又登自殺崖。潮聲空飲恨，海曙散陰霾。
佇望觀光地，徒興弔古懷。如詢浴血戰，萬骨已沈埋。

重遊漢城有懷

重履南韓市，飛車過漢江。俯看橋下影，疑是畫中舫。
華克山莊醉，李朝御殿荒。青台新易主，走馬嘆興亡。

歸里行 有序

余於辛未暮春（農曆三月廿七日）自台北飛赴香港，中午轉機青島（長女淑娟率其女朱燕夫婦，及族侄樹國、姻甥孫業輝等，遠途駕車迎於機場）；當晚抵達蓬萊城。翌晨乘大型客輪，回到故里長山島；忽聞夾岸鑼鼓與鞭炮齊鳴，係為客輪首航慶祝，亦似迓予之歸來也。午宴前堂妹玉美談及鼎革時期，大伯繫獄而死，家父投環猝亡，聞後不勝唏噓。詩以紀事，不計工拙，兼示諸親友。

鑼鼓鞭炮夾岸鳴，首航輪渡賦歸程。鄉親合醉洗塵宴，淚眼相看兄妹情。
促膝長談悲薤露，人天永隔判幽明。徜徉欲覓兒時路，半感迷茫半陌生。
幾許滄桑幾變遷，漫由思路認從前。故居老屋成荒舍，奠祭無墳送紙錢。
三歲紀懷興宅第，六旬歸里失莊田。落霞孤鶩增惆悵，飛向天邊渺海邊。
萬里雲天銀翼飛，朝迎旭日暮斜暉。近鄉情怯今猶昔，訪舊時驚物已非。
登峰始覺鷹山峻，下酒方知扇貝肥。揖謝親朋招飲意，來年有便約春歸。
門庭冷落叩不開，少壯離家垂老回。故舊相逢憐白首，祖塋歷劫沒荒萊。
悲歡歲月憑誰訴？骨肉親情妄自猜。握別殷殷揮手去，青山脈脈待重來。

謁蕭公輔臣舅父母并預祝九五雙壽

仁者多長壽，明年九五尊。避居賢在野，行見喜盈門。

顧盼芝蘭秀，盤桓松菊存。寄懷兩岸月，千里共晨昏。

惜別家璋弟與樹國侄

瓜瓞綿枝葉，參商兩岸同。故人歸故里，春酒醉春風。
建業光門第，為官立德功。依依離別意，盡在不言中。

登蓬萊閣

登上蓬萊閣，迎眸渤海灣。水城通水路，天險阻天關。
隱約蜃樓氣，依稀芝眾山。明朝遺古蹟，戚帥立威顏。

遊北京大觀園

追踪劉姥姥，來逛大觀園。曲徑通南苑，迴廊蔭北軒。
葬花人已去，遺恨事猶存。戲説紅樓夢，石頭無片言。

天壇巡禮

天壇金頂戴，建自帝王朝。巡禮祈年殿，行吟丹陛橋。
遙聞傳聖旨，恍見伏臣僚。試聽回音壁，宮娥訴寂寥。

北京朱燕外孫女補行婚禮喜賦

朱門洋喜氣，今夕嫁新娘。春綠宮牆柳，燕棲玳瑁梁。
迎賓人帶笑，待客酒盈觴。共飲玫瑰夜。和風送晚香。

柬煙台市府劉秘書長廷璋 并序

余返鄉探親，受建化兄囑託，代向市府劉秘書長連絡并問候太夫人安好；因行程匆促，未克晤面，僅以電話致意。

交臂失之無片緣，煙台昔日嘗留連。釐清拙政行新政，物望今年勝去年。

千里鄉親傳口信，一通電話托言詮。為期兩岸通航後，春水秋風好放船。

讀戚繼光論集仰慕其人其事

南倭北胡一掃平，飛舟躍馬任縱橫。正奇莫測鴛鴦陣，紀律嚴明義烏兵。
嘗道封侯非素願，以身許國仰英名。將門出將世為將，威鎮長城拱帝城。

疊前韻

患深倭虜望昇平，百戰雄風一劍橫。擊楫南征三閩寇，揮師北殂五胡兵。
但期國富民安樂，何在生前死後名。耿耿忠心同日月，循環今古照長城。

註：戚氏父子為明朝一代名將。

吳嘯夫贈酒賦謝

餽我杜康酒，飲之可解憂。賦詩搔白髮，看畫展青眸。

聊慰收藏癖，何須夢寐求。相交林下士，評古度春秋。

奉輔臣舅父遺書詩以悼之

高齡九十六，撒手別人寰。莫道無懷念？遺書有掛牽。
生前研佛理，死後列仙班。記取相逢日，空餘數面緣。

癸酉正月初五摔傷左足漫詠

去春妻突病，症狀似沖邪。今歲吾傷足，三周未乘車。
運程逢逆境，堅忍莫空嗟。活血高粱酒，清心包種茶。
晚吟歌古調，早起晤朝霞。所幸身猶健，安居讀法華。

賀易蘇民博士七秩華誕

結交忘歲月，華髮漫相催。三絕詩書畫，一圖松菊梅。

衡山鴻雁去，湘水棹歌來。七十為君壽，盈庭夜宴開。

揚州行 并序

癸酉暮秋，余偕友人赴揚州興化，專訪板橋居士故第；當詢及李復堂遺事，竟茫然無知者，悲夫！

古人買笑下揚州，今我觀光來旅遊。秋水盈眶興化市，華燈初上貴賓樓。
踏遍陋巷訪鄭第，詢及復堂哀李侯。兩渡長江回上海，千帆過眼去悠悠。

步鍾雷先生春之版圖詩集出版誌感原玉

大腹為期衣帶寬，琴窗有酒可同歡。一籌莫展平戎策，萬法歸心自在觀。
月色依稀秋未半，車聲汗漫夜將闌。案頭飄落郵花片，惠贈新詩仔細看。

附原作

鍾雷

春回海嶽版圖寬，錦繡人生各盡歡。上百韶華隨遇樂，大千宇宙放懷觀。

金樽彩華緣長在，舊夢新詩興未闌。尚有才情傳世否？書成贈與友儕看。

馬關條約一百周年感詠

外交若個是長才？割讓臺澎事可哀。日本鎗聲迎面射，清廷宰相中彈回。
倡言變法康南海，亡命行吟丘念台。抗戰八年光國土，慎防敵寇復重來。

寧福樓聯歡敘舊 有序

楊公訓畲自美歸國，由胡仲文兄邀請余達公、劉公量、袁希光、張貞松、阮少華、夏樹輝、解國梅、彭培昌、孫漢德諸先進，及筆者十二人；在寧福樓席開一桌，杯酒聯歡，藉敘情懷，實屬難得之盛事。爰賦五律一首，以誌因緣。

一桌多人瑞，春秋八百年。安和仁者壽，自在地行仙。
揖賀增新歲，笑談敘舊緣。相知三十載，共醉夕陽天。

觀展行 并序

甲戌除夕前一日，應詩人林恭祖兄之約，共赴「雪我居」觀賞典藏展。欣值謝資政東閔、郎大師靜山蒞臨剪彩；主人王雪娥伉儷收藏之富，嘆為觀止。不可無詩，以紀其盛云爾。

滿目琳瑯雪我居，今來觀賞掀吟鬚；神駿罕見唐三彩，錢幣難尋漢五銖。
賀客臨軒洋喜氣，謝公資政驅車至；百五人瑞郎大師，爭相合影忙不息。
環壁書畫皆名家，嘉靖瓷瓶老青花；晶瑩耀眼玉如意，釉裡紅盤飛紫霞。
主人伉儷收藏富，雅致通今更博古；珍品蜚聲重藝林，但見瓊琬寶光生門戶。

除夕詠懷

壓歲寒流冷盡冬，圍爐取暖火微紅。玉山賞雪青春樂，鬧市觀花上苑風。
卓筆硯台揮翰墨，對聯書法見毫鋒。大年除夕酷寒夜，把盞重溫古意濃。

新春有雨

冷雨垂絲望眼遮，青山有約幾回賒。重聞臘鼓催年景，依舊春風報歲華。
喜飲三杯金馬酒，端看小朵杜鵑花。近來莫道詩情淡，未廢吟聲品好茶。

六九生辰偶賦

為富收藏休説貧，市廛退隱老閒身。行年六九應知命，煩惱三千未忘塵。
學道似無名利客，清吟惟有賦詩人。焚香掃地皆餘事，向晚時光好自珍。

奉贈王雪娥女史

雪娥號雪我，笑拈一枝春。書畫收藏富，陶瓷彌足珍。
相交風雅士，不乏素心人。為詠飄香句，梅花點絳脣。

賦呈紅塵寄廬主人墨人老居士

早歲逢抗戰，新詩振國風。聲名中外著，文采古今同。
寄跡紅塵上，安身綠野中。莫將天下事，來問白頭翁。

柬賀鍾雷先生榮任新詩學會理事長

詩壇尊大老，粉墨又登臺。春暖花間酒，歲寒嶺上梅。
啣箋青鳥去，送信綠衣來。如問養生道，和顏笑口開。

祝朱主任鍾奇花甲之慶承邀春宴

朱君為致一將軍之哲嗣，時任證交所秘書室主任。

誰識將門裔?今為主簿人。一生明義理，兩手善經綸。
運轉陶朱富，時艱管仲貧。喜逢花甲歲，春酒過三巡。

呈華實樓主並候儷安

筆墨長青華實樓，吉光片羽不勝收。妻賢子孝臻雙美，酒暖茶香忘百憂。
儷影依依兩相伴，郵花朵朵獨為酬。君心如石詩聲壯。統一河山共健遊。

註：鍾雷先生本名翟君石，故以「君心如石」贊之。

感懷瘂弦老友 有序

余早歲患肺病，遂有出塵之念。摯友珍年為寫「幻空和尚」小説發表，陸子今作美僑。茲奉「創世紀發行人」瘂弦來函，言及陳年往事，不勝感慨系之。

四十年光一夢遙，昔時意氣未全消。幻空和尚傳佳話，翰墨因緣問美僑。
君愛新詩創世紀，我歌古韻老風騷。人生多少違心事？剩有詞章憶故交。

道情篇 有序

甲戌歲暮，余以隋朝展子虔名畫「弋獵圖」，委由魏榮堯道兄，售得尚可接受之價款，過個新年也。

昨賣隋朝畫，今拋宣德鑪；開門七事為鞭策；以物易錢通有無。
三生三世兒女債，九轉輪迴相依賴。休言何日得清還？唯望汝輩成材卸仔肩。
我愧慈烏兮慚反哺，安期子孝孫賢兮奉養桑榆之父母。

寒廚有酒

古今皆好飲，一醉可忘憂。人愛白蘭地，我耽二鍋頭。
寒廚無美饌，老酒富清流。除卻杯中物，林泉何所求？

碧潭春行

簷際霏霏連夜飄，花燈失色誤元宵。出門難得逢晴日，支傘何妨立吊橋。
虹臥金波浮水面，雲橫玉帶束山腰。踽行不覺市塵遠，時有鳥聲漫相招。

陽明花季

千樹嫣紅照眼新，賞花多少過來人。泉吟可似吟詩句，路轉恍如轉法輪。
淡水河邊棲野鷺，陽明山麓逐香塵。踏遍丘谷歸何處？一片浮雲化外身。

新店晚眺

陰冷何時能放晴？登樓晚眺遠山橫。偃帆舟楫近溪泊，潤色傘花環堵生。
萬里迢遙雲潑墨，千絲淅瀝雨飄燈。隔離海峽分兩岸，前浪呼應後浪聲。

仲春有懷

春風春雨春將老，欲去尋春髮自搔。中歲長期詩律細，晚年未減酒興豪。
安知逸士非高士，寄望兒曹勝我曹。白首相依賢內助，持家打點最辛勞。

乙亥憶往兼呈粱新人鄉長 有序

余早歲南渡，歷經嵊泗而舟山而台灣。漂泊海上，九死一生，而今思之，恍若殘夢。

曾譜從軍樂，青英小武官。渡江星月冷，躍馬劍光寒。
遙想情猶在，回眸夢已殘。悠悠憐過客，逆旅一枝安。

贈「囚徒手記」作家雁翼詞長

囚徒手記述前因，血淚斑斑儆後人。冷眼京華看換代，溷身囹圄夢思親。
恨無寶劍誅奸佞，幸有文章泣鬼神。萬里長空橫雁翼，茫茫天地一微塵。

宴文評家古繼堂暨胡時珍伉儷來台訪問

比翼雙飛兩岸行，一輪古月半邊明。御風展翅雲中鶴，斂羽含香葉底鶯。
宴客難為東道主，引觴約會北京城。安期七夕情人節，六月詩橋早結盟。

讀陶瓊藻詞長紀懷何顯重先生之作感贈

為人重義氣，投筆事戎軒。早遂從軍志，壯懷革命魂。
一門桃李秀，九畹蕙蘭屯。回首來時路，永銘知遇恩。

賦呈書畫家野叟道長 惠贈歷屆諾貝爾獎得主名言評論集讀後

集粹名言錄，文思孰可儔？篆書存古意，彩繪見清幽。
運筆君為樂，銜杯我忘憂。欲持明月贈，掬手桂香浮。

遠懷書法家廣元大和尚

感懷大和尚，結識幾春秋？學佛緣猶在，為僧願未酬。
魏碑翻白眼，晉帖展青眸。一片山中月，長隨方外遊。

三遊北京城

北京三過正陽門，近視宮牆認舊痕。珍妃古井空遺恨，光緒瀛台枉斷魂。
末代皇朝歸泡影，八旗子弟失田園。歲月悠悠秋又半，紫禁城內立黃昏。

朱燕外孫女喜獲一妞

外孫女又生閨女，老榦新支四代人。兩岸有緣千里聚，四方無事一家親。
懷胎本是心頭肉，分娩欣為掌上珍。樂得掀髯開口笑，春華秋月滿紅塵。

九歌行 并序

乙亥中秋後二日，一行九人飛往哈爾濱、瀋陽及北京訪問，受到熱情歡迎。並至北京大學、社會科學研究院、魯迅文學院暨詩刊雜誌社，舉行詩歌座談會。余因事先行返台，其他八人則赴東南各地，繼續未竟之行程。爰賦七律三首，以紀其盛。

聯吟萬里九歌行，方過中秋月色明。哈爾濱街留古道，松花江水譜新聲。
詩人駕起朝雲去，旭日翻成夕照迎。多謝殷殷招飲意，關東腳下遠山橫。
一路馳騁到本溪，看山看水復依依。高粱掛起青紗帳，大野飄揚綠柳旂。
最是迷人遊水洞，深嗟造物洩天機。熱腸惟有邊疆士，酒後高歌圓舞飛。
辭別瀋陽赴北京，尋章覓句結詩盟。相逢皆是名教授，論道忝為苦讀生。
老舍茶樓觀雜耍，琉璃廠地任巡行。兩周訪問采風日，四顧河山難忘情。

聞老友河南痖弦抱恙前往加拿大探親詩以慰之

休說成名早，飛聲憶痖弦。移居紅葉國，悵望洛陽天。
閱盡桑滄史，空餘翰墨緣。養生惟活動，猶可享高年。

答山東大學吳開晉教授寄贈「月牙泉」詩集讀後

敦煌安可見？思詠月牙泉。水淨雲帆白，天青旭照圓。

詩中開畫境，象外忘言詮。記取相逢日，長留一面緣。

題哈爾濱文協主席蔣巍詩家所繪「疾風」墨駒圖

蔣君善畫馬，形象似悲鴻。紙上開生面，毫端落疾風。
過關思赤兔，入塞眇青驄。遙憶松江水，秋弦月半弓。

贈哈爾濱文協副主席巴彥布詞長

君為蒙古裔，把酒話元朝。從小習騎射，及長能奪標。
强弓鳴落雁，缺月冷彎刀。塞外歌聲壯，詩風足自豪。

酬哈爾濱劉暢園女史

人稱劉大姐，氣不讓鬚眉。對鏡風華減，抒懷蝶夢思。
吟星望北斗，賞菊步東籬。千里郵花片，遠酬一首詩。

讀李秀珊著「台灣青年詩人論」有感致贈

展讀新詩論，署名李秀珊。書香頻撲鼻，文采可爭冠。
瘦減金秋菊，輕盈玉蝶蘭。瀋陽留夕照，背影立闌干。

德州實驗小學臧小雙詩人來函問候詩以贈之

新詩多秀句，簪筆象簪花。師道為弘道，女娃課小娃。
航空千里信，海峽一天涯。為謝關懷意，秋箋寄片霞。

詠「不懼」一書之封面人物 呈郝伯春先生

不懼真勇者，凜凜大戎裝。一戰垂青史，四星射夜光。
文章期永叔，正氣法天祥。得擁書城臥，何須立廟堂？

乙亥秋遊瀋陽故宮與皇陵抒懷 有序

余曾三到瀋陽，先後目覩滿洲五色旗、青天白日旗及紅旗；昔日雄偉之古城，早被拆除，杳無痕蹟，不勝世變滄桑之感。

今來龍興地，不見瀋陽城。莫道朱門改？可憐白髮生。
國旗三易幟，宮殿又重登。走過皇陵道，那堪問大清。

破琴殘劍樓主明秋水詞長自杭州遙贈龍泉寶劍一把賦謝

惠贈龍泉劍，迢迢萬里情。相期歌燕市，失手誤荊卿。
秋月明秋水，古琴逸古聲。君心堅似鐵，長作不平鳴。

柬復紀鵬鄉長

古都初相會，對話是鄉親。齊魯文風盛，京華氣象新。

有詩吟白首，無葯復青春。兩岸通郵便，莫辭信柬頻。

紀哈爾濱之旅兼懷詩林諸君子

飛航直達入邊疆，走訪詩林韻腳長。舊俄遺風名劇院，蕭紅故宅老磨房。
一堤柳色太陽島，十畝煙波荷葉塘。最難忘懷開夜宴，齊聲合唱松花江。

感寄朱悅華詩友在北京青年會館爲余朗誦池邊樹、碧蘿春之作

朗誦池邊樹，恍聞出谷鶯。高華人脱俗，正色目含情。
研究新文藝，賦居舊帝京。莫吟將進酒，揮別九歌行。

憶與全國翻譯首奬得主江楓教授在北京青年政治學校會館晤飲談詩

北方秋氣早，照眼菊花黃。會晤青年館，乾杯白酒香。
譯書無歲月，膺選有鴻章。筆老詞鋒健，辯才不可當。

爲哈爾濱小說林編委潘虹莉寫照

得識潘虹莉，思縈哈爾濱。寧為編輯手，不作畫眉人。
共賞胡蘭月，待尋雪嶺春。身穿黃外套，圍脖小紅巾。

歌詠撫松採參人萊陽孫良之墓 并序

魯人孫良於康熙間，遇歲飢赴關外以採參為業，嗣因天寒餓死，葬於撫松之野，被尊為採參祖師。今入山採參者，必至墓前拜祭，祈求平安。

山東大漢名孫良，歲遇飢荒赴北疆。背井踏遍長白雪，孤身飄泊黑龍江。
人參難覓成三寶，祛病延年尊百草。闖門飛瀑下天池，春暖冰河開口笑。
生前辛苦有誰知？身後哀榮稱祖師。千載寒煙埋古墓，撫松落日起秋思。
起秋思、悠悠江水奔流無已時。

哈伯天象歌

宇宙多陸離，世人竟不知。哈伯望遠鏡，太空攝奇景。
遙看鷹狀雲，近覿蛇頭影。
三十三天不須誇？七千光年飛彩霞；雷射蒼穹凋碧落，大星璀璨小星華。
眩目金輝頻眨眼，茫茫銀漢幾深淺；高懸雲帶掛雲梯，欲叩帝閽天色晚。
有形有象兮，無際無邊；幻中之幻兮，天外之天。

敬和鍾雷先生丙子立春原韻並賀春釐

古柏之姿松鶴年，春華秋實自悠然。寒流過境蕭蕭雨，淨念焚香淡淡煙。
摩詰病禪圓覺智，東坡風雅締詩緣。羨公安享天倫樂，不厭紅塵不老仙。

丙子立春抒懷

鼠年早立春，臘鼓相催頻。家戶忙除舊，門庭待布新。
冰花開雪樹，烈酒暖寒身。不作爭名客，寧為守拙人。
有田方可富，無貝莫言貧。參透窮通理，何須問卜神。

故友吳美凝逝世三周年約同胡麗霞與劉鳳琴以香花素果奠祭三張犁墓園

一別人天隔，今朝奠祭來。長眠青草地，咫尺白雲限。
冷盡溫馨夢，幽思落拓才。仙鄉何處問？可似舊情懷！

又

悼念增惆悵，為君燒紙錢。飛灰翩蝶舞，落地化塵緣。
近墓憐乾土，遺容老少年。香花情幾許，三載息琴弦。

註：墓碑嵌有生前之照片

壽墨人先生七秩晉六華誕 有序

中國詩歌藝術學會於八十四年五月廿一日假中國文藝協會，舉辦「墨人半世紀詩選學術研討會」，出席十分踴躍，會後並在「康園餐廳」會餐，始知先一日為墨人先生七秩晉六華誕；因之詩人金筑高歌數曲，以助雅興。歸後賦此，藉表微忱！

何妨旨酒介眉壽？鶴老精神松老瘦。半紀詩篇意象新，大千世界情懷舊。
持齋奉佛素心香，富賈豪門銅氣臭。小説紅塵天下傳，生花筆健雕龍手。

釣魚台風雲 有序

丙子夏，日本縱容右翼團體登上釣魚台，豎起燈塔及太陽旗；侵略野心表露無遺。致台北香港及海外三地，紛起保釣護土，如火如荼；曾數度乘船前往該島宣示主權，均被日艦驅回而未果。大陸軍方發表「寧失千軍，不失寸土」，措辭强硬之文章，無異海天霹靂，予敵以當頭棒喝也。

中華領海釣魚台，外寇入侵懷鬼胎。台北街頭群激憤。香江氣勢更雄恢。

貪心妄想蛇吞象。核子飛塵夜泣哀。寧失千軍爭寸土。豪情萬丈轟天雷。

悼陳毓祥烈士殉難釣魚台 有序

中秋前一日，香港「保釣號」輪船，駛近釣魚台，日艦十餘艘，包圍四周阻止前進。領隊陳毓祥率隊員五人，憤然跳海；擬泅泳上岸。由於風大浪猛，不幸罹難；隊員方裕源亦受重傷，經醫療幸無大礙。爰賦此詩，藉表哀悼之意。

明知台海劍弩張。保釣輕身事可傷。蓄意縱容黃獵犬。陰謀不齒白皮狼。
吾人切記侵華史。他日重來弔國殤。英魄已隨波浪逝。名垂魚島共流芳。

諷世之作

海上偏安冬復春，政壇群丑舞紛紛。趨前握手裝和善，背後開槍嘆絕倫。
黑道有錢能賄選，金牛無理敢傷人。私心自用頻修憲，台獨主權非在民。

幽居賦

落拓人間未了緣，但求自在不求仙。楚才晉用為名利，古往今來競後先。
無葯可醫金石癖，有錢難買子孫賢。怡情最是詩書畫，新店幽居已忘年。

江南曲

江南風氣尚浮華，百畝園林何足誇。春水流波桃葉渡，秋山剪影石城霞。
六朝粉黛吳門畫，四大名妓白相家。千載東坡傳逸韻，西湖猶唱浪淘沙。

重拾太極扇遙憶漢城之旅

手搖韓國扇，太極化清風。曾覩空裝秀，漫遊故王宮。
地分三八線，人憶老元戎。麥帥長遺恨，板門店未通。

丙子七旬自壽

自壽吟觴酒，詩懷一笑開。為歌生日樂，點起燭光來。
白髮何須染，青春不復回。七旬安謂老？歲月莫相催。

詠梅小品

懷月心相照，詠梅口逸香。冰姿憐玉影，綽約展春妝。

讀陶詩

杜門無所事，開卷讀陶詩，佳句寒松韻，淡香冷菊籬。
天青雲住腳，月白柳垂絲。米熟成新釀，田園招飲之。

寒夜

今夕寒流至，暖爐懷袖珍。髮疏飄白羽，人老憶青春。
書畫長相伴，酒杯獨自親。預知來日事，霜氣冷冬晨。

拜讀「拾夢草」詩集感呈鍾雷先生

文武兼資不世才，青春躍馬五雲開。黃河落日揮戈去，碧海揚波拾夢來。
手足情深傷雁序，子孫賢達慰詩懷。琴窗唱和雙棲樂，金菊飄香醉一杯。

卜居

卜居近竹溪，門對寒山碧。展紙賦詩章，按圖尋畫跡。
筆耕種硯田，雨過觀松石。朝出曉雲浮，暮歸秋月夕。
寄語素心人，休交貪墨客。立身天地間，遺世留清白。

黃鶴樓

千載風華黃鶴樓，江天一色展青眸。蓮舟滑過淩波路，棹自吟哦水自流。

孟冬偶詠

獨坐蕭齋隱此身，迎窗盆景展風神。線裝漢史分前後，箋注唐書閱舊新。
晨步無車惟樂道，晚餐有酒豈憂貧。秋容日瘦憐眉月，猶待冬青冷雪屯。

觀「秋山載鶴圖」寫意

生公說法世無儔，舌燦蓮花石點頭。安唸佛經求福報？學臨碑帖作禪修。
畫圖逸墨飛雲氣，山水光波載鶴舟。松下橫琴鳴古木，巖前拄杖步高丘。
六朝僧侶稱龍象，五代衣冠重錦裘。貝葉香飄天竺外，荷塘蕭瑟一池秋。

與廣公和尚談禪 二律

沙門叩問祖師禪，曹洞宗風一脈傳。身後功名青草露，眼前富貴碧雲煙。

法華意旨菩提道，般若心經渡世船。不厭紅塵思淨土，自求多福老林泉。
千經萬法一心田，自性皈依九品蓮。枕上風情隨夢醒，詩中意象待言詮。
善行即證辟支果，妄念難登兜率天。修到八風吹不動，此身猶在六塵間。

淨律寺頒贈漢磚古硯受邀觀禮

受贈者：陳立夫、陳奇祿、謝宗安、呂佛庭等十一家。

為履山僧約，進香續法緣。佛門無佛事，禪室悅禪天。
四壁懸書畫，大千繪墨蓮。漢磚雕古硯，珍品贈高賢。

爲長安雁塔題詩

人生進取及華年，得躍龍門天下傳。百代聲名題雁塔，千秋勳業畫淩煙。
御爐香暖錦屏後，上苑花開玉樹前。昔日長安遊樂地，盛唐氣象曲江邊。

桃園縣長官邸血案

十槍八命一垂危，殘殺九人誠可悲。破案信心猶有待，緝兇時日暫無期。
官商結合通財路，利害難分介骨皮。宦海恩仇歸果報，昭彰天理似難欺。

黃山神遊賦

奇松怪石遍黃山，立在煙雲飄渺間。岩落天風聞虎嘯，樹生鱗甲見龍斑。
千峰秀出東坡筆，百丈泉飛西子鬟。放眼神遊同覽勝，一丘一壑盡開顏。

掃黑賦

大言不遜開荒腔，朝野分肥飽宦囊。吏治難明哀黨政，世風日下失倫常。
拜金西美花街女，掃黑安非草地郎。莫道肅貪能去弊，由來禍患在蕭牆。

題王惟、孫佩貞伉儷梅花攝影集

一片紅脂點絳脣，千株玉蕊冷香氤。尋春莫待花容瘦，攝影惟求意象新。

雨後天顏方破涕，山前景色最宜人。幾生修到林高士，白鶴相隨梅相親。

詠梅蘭竹菊四君子畫

懷月心相照，詠梅口逸香。冰姿憐玉影，綽約展春妝。
不共花爭豔，含香抱素心。失根無寸土，來向畫中尋。
蒼勁仰高節，知音思碧簫。為圓新月夢，夜夜立涼宵。
冷透黃花瘦，清蒸紫蟹肥。合斟寒露酒，籬落醉秋暉。

隱居賦

蕪詞贅句直須刪，不厭清吟長賦閒。充耳鳥鳴松竹外，品茶香著齒唇間。
垂竿昔釣千江月，倚杖今歸一角山。久雨初晴風律細，吹開愁緒展心顏。

香港回歸 二首

香江今夕慶回歸，煙火沖天拱紫微。鴉片戰爭添屈辱，虎門喋血陷重圍。
史家有筆論功過，清帝無能辨是非。百歲蒙塵終洗雪，明珠光燦九龍飛。

又

末代總督彭定康。垂頭揮淚別香江。大英帝國銷王氣。中外嘉賓走馬忙。
傳統民風齊載舞。和平信鴿遠飛翔。紫荊升起玫瑰色。一片朝霞耀海疆。

散文小說家張放老友致贈「拾荒隨記」新作答謝

拾荒隨記短而工，佳句連篇意象融。回首左營尋腳印，紀懷澎島夢芳叢。
惜無謔浪為君白，徒有衰顏借酒紅。自古書生能本色，時艱不作應聲蟲。

無　題

今日安知昨日非？自籌無策事多違。千金散去人焉瘦，萬里歸來馬不肥。

讀罷佛經明色相，欠將儒服易僧衣。繁榮過眼春光老，一角青山掛夕暉。

草山吟

草山修憲起爭論，統獨交征利令昏。議長榮登新寶座，選民笑指舊王孫。
擴權未醒秦皇夢，凍省安招楚客魂。兩黨協商通款曲，密留公案後人翻。

賀伯風災 并序

賀伯颱風來襲，洩洪道淤積不通，閘水閘竟無鑰匙；官場現形，莫此為甚也。惟賴橡皮艇及海鷗直昇機救難並運送食物，以濟眉急；但殘破之家園，何時復舊？則無語問蒼天矣。

賀伯颱風肆虐來，人謀不臧諉天災。洩洪閘道泥為積，攔壩堤防鎖難開。
陸地行舟橡艇去，高空展翅海鷗回。斷水斷糧兼斷電，家園殘破萬民哀。

贈作家李敖

笑傲江湖放浪行，修能文筆建文名。破除迷信心猶壯，批判威權氣未平。
著述盈庭孤負重，微言大義莫相輕。偶然回首關山路，夢到遼東第幾程？

承潘皓教授邀飲大明帝王酒賦贈

生平明澹泊，利祿不縈心。傳道尊師表，敲詩好自吟。
桂庭雙子座，詞苑老知音。邀飲帝王酒，無須論古今。

丙子歲暮靈山關渡宮舉行詩人大會幸遇張壽平教授榮任詞宗並承惠贈「安縵室詩詞」讀後抒感

得吟安縵集，文采舊知名。詞譜張三影，詩推王十朋。
教傳中外士，融化古今情。相遇靈山會，佳章待品評。

殘劍吟

白古知音少，安期後世名？詩蒼涵逸氣，筆老寫新聲。
漫飲花間酒，常吟陋室銘。私心充妄想，正道祛無明。
佇望文山近，傍居淡水清。醉彈殘劍淚，難作不平鳴。

歲暮偶吟

天道無痕日月侵，寒窗有酒伴清吟。相逢莫說交情淺，自問當知積習深。
學佛難除文字障，讀經易識聖賢心。回頭欲覓來時路，三界輪迴豈可尋？

丁丑春雨遣懷

漫敲詩韻雨聲催，冷抱冬心春始回。為愛雙釵憐乳燕，每當獨酌怯深杯。
畫成翠葉風生竹，思到寒香雪壓梅。換了人間歸一夢，家山不見舊三槐。

註：故宅昔有老槐三株。

老吏行

光頭老吏善應酬，笑罵由人爭上游。屈膝卑躬覷眼色，登台亮相展歌喉。
與民興利無良策，結黨營私有遠謀。闖起大門成一統，翩翩長袖舞不休。

循吏曲

方頭循吏自忠誠，末代風華傳政聲。哈佛出身真博士，官場戲説假明星。
安居樂業生民願，掃黑懲貪濟世情。自古賢良難大用，功過留待後人評。

小吏哀

尖頭小吏最難為，時伴長官乾一杯。學會逢迎承鼻息，恭維左右賂錢財。
舉行簡報居前導，不敢言功隱後台。期望升遷求表現，勤跑公館去來回。

初春聽雨遣懷

老愛唐詩少愛詞，王維蘇軾總相期。無才難作千金賦，有得姑為一字師。
玉版煙雲懸北閣，盆栽野菊醉東籬。人生幾許隨心事？白首消磨紫硯池。

夢機詞長惠稿次韻奉答

膝弱猶應安步行，過完燈節過清明。且從詩品觀人品，宜近茶鐺遠藥鐺。
碧海長懷歸棹夢，春城偶憶賣花聲。鴻詞麗藻涪翁句，千載相期續古盟。

附原作　　張夢機

自嗟膝弱不堪行，忽奉吟箋倦眼明。多恐餘生尚藜杖，能陪清月只茶鐺。
鯤天共寫流離夢，湘水今流嗚咽聲。記得涪翁舊詩句，此心吾與白鷗盟。

贈書法家連勝彥校長

結緣淨律寺，濟濟皆名家。合影留新照，離車散晚霞。
草書師北海，論道慕南華。惠寄清傳誌，弘文衆所誇。

爲題莊雲惠詩畫集

綠滿年華女畫家，手簪彩筆如簪花。鳥鳴東野山明秀，雲映西窗月影斜。
百首新詩多麗句，一身古典少浮奢。有情莫放春歸去，無價青春不可賒。

詠梅林高士圖

百花開後雪花飛，方見梅華沐旭輝。滿樹寒香千古色，孤山處士六朝衣。
荷鋤野叟淩晨去，橫笛牧童戴月歸。垂老投閒身尚健，一觴一詠莫相違。

讀國史感時事

愧對前人負後人，半求苟且半因循。少年慷慨汪精衛，晚景淒涼胡漢民。
將士東征驅叛寇，兵舟南渡逐波臣。老成謀國和為貴，兩岸何妨讓一分！

哈爾濱王麗杰惠寄賀卡賦謝

一曲高歌印象深，航空賀卡報知音。凝眉小憶松江月，寒夜長懷故國心。
垂暮愁吟人出塞，老巢欒見鳥歸林。何年重履太陽島？九畹荷塘緩步尋。

湄州媽祖來台百日遊

媽祖金身移駕來，焚香膜拜笑顏開。上蒼庇佑居安樂，下界祈求袪病災。
一葉慈航拯四海，九重法雨降三臺。巡行為償衆生願，暫別湄州百日回。

爲題關渡宮玉皇大殿

天上玉皇殿，移來關渡宮。靈山晨旭外，淡水晚霞中。
頂禮慈光滿，謳歌聖教崇。仙都無歲月，大道仰蒼穹。

再題財神洞

供奉財神座，人間有洞天。大屯如象鼻，關渡若龍泉。
為致陶朱富，應謀貨殖錢。金源分五路，滾滾滿前川。

先君百齡冥壽 有序

余早歲倉皇南來，僅攜　先君二寸照片，一只皮夾，作為紀念。豈意自茲一別，人天永隔，不免悵然。茲逢百齡冥誕，覩物思親；賦此五律，藉抒衷情。

皮夾孤遺物，先君手澤存。還鄉違所願，易地得生根。

憶昔趨庭日，從今失樂園。親恩總難報，隔海為招魂。

觀王祿松師生畫展 二律

獨創畫風成畫派，滿門桃李及時栽。五湖曉月舟浮去，千樹春花鳥喚回。
儷影雙雙遮翠袖，遠山隱隱沒青苔。怡人光彩看將盡，兩隻小貓迎面來。

又

依岩雅舍兩三家，為掩門扉避世譁。候鳥南來振翼翅，夕陽西去臥煙霞。
畫師善用玲瓏筆，女弟嬌同姊妹花。片幅寒雲飄雪絮，山披銀甲委龍蛇。

遙贈作家天地雜誌主編薩仁圖婭女士

蒙古作家天地新，薩仁圖婭女詩人。寒花皚皚冰山雪，碧草萋萋紫塞春。
漠野飛車思賽馬，本溪合照見清神。群英餞別壯行色，一曲高歌壓四鄰。

步林恭祖詞長七十春遊雜詠二律壽人兼壽己也

歲月悠悠晉古稀，晨曦漫步迓春暉。陽明山腳花含笑，關渡橋頭鳥自飛。
綠野欲尋仙履去，青溪凝望棹歌歸。林泉隱退宜高詠，安設門鈴且閉扉。

又

不薄新詩愛律詩，唱酬相契復相知。每逢汗漫消閒日，正是推敲覓句時。
七十春秋何謂老？一生翰墨莫嫌遲。天香拂動憐疏影，為報梅花發古枝。

賀鍾鼎文先生首獲中國詩歌貢獻獎

傳世詞章雅句淳，精神矍爍老詩人。筆名早著呼「番草」，秋夜遲眠待月輪。
昂立雞群身似鶴，岸然道貌髮如銀。年登耄耋為公壽，向晚榮譽倍足珍。

讀四書感此

老農老圃愧難如？學以忘憂讀古書。崇禮行仁推孔孟，及門高弟起田閭。
韶光錯過明明德，衰髮相憐慢慢梳。天命難違唯率性，五峰山下結吟廬。

步易蘇民詞長剃度風波原韻

茫茫苦海逐風波，五蘊未空煩惱多。出水芙渠真法相，在家居士老維摩。
焉知佛道非中道？省識心魔即外魔。寂寂青燈搖幔影，梵音合唱木魚歌。

知足樂

莫道流光去不回，莫歎白髮來相催。東南西北任行腳，春夏秋冬且銜杯。
漫寫詩詞數百首，鏤星鏤月雕蟲手。古人翰墨溢清芬，我輩文章間美醜。
素患難兮居求安，感天地兮繼三餐。無後為大兮育兒女，老而身健兮何須繕性泯情作神仙。

肇明書家自大陸遙贈書聯賦謝

千里贈書法，遠懷情意長。坡翁寒食帖，文壁玉蘭堂。
紙潤飛雲氣，筆痕翰墨香。昭明一片月，兩岸共清光。

王祿松詩友患病詩以慰之

萍水之交數十秋，維摩示疾聊為酬。怡神合壁詩書畫，蓬舍依山雅靜幽。
獨愛丹青歸色隱，同憐芳草作情囚。相逢樂道花邊事，抱病延年自可求。

圓山飯店新春文薈欣遇無名氏先生預祝八秩嵩壽兼示王牌詞長

北極風情畫，卓群意象新。昔時崇仰士，今見著書人。
雅集圓山會，騁懷淡水濱。稱觴眉壽酒，東海碧回春。

爲卜乃夫（無名氏）先生嵌聯

乃壽無疆，八秩春秋光北斗；夫緣有份，一庭喜氣頌南山。

新春試筆

石鼓籀文天下奇，南宮北海是吾師。千金難買蘭亭序，曲水流觴修褉時。
秦碑晉帖幾滄桑，翰墨風流數二王。下筆方知書法拙，偏憐一管竹頭香。

參觀范光陵博士油畫展

赴君之約觀君畫，戴雨而行不俟駕。小范聲華天下傳，開新風氣占春先。
打翻油墨煥虹彩，冠蓋雲集為義賣。中外嘉賓前致辭，繪圖并題新古詩。
新古詩兮無平仄，今後音韻當可束之於高閣。

老妻車禍詠事 二月十日

歲運相沖剋，無端遇車禍。傷挫腿與肩，臥床不能坐。
春雨苦纏綿，世途憂坎坷。人生受劫難，安得論因果。
老伴乘輪椅，老夫且下廚。學燒今日菜，慵讀古人書。
淅瀝清明近，呻吟病榻餘。唯期早復健，始放兩眉舒。

悼白曉燕遇害

多彩多姿十七春，雙釵翦翦小絲巾。清純不識人心險，骨肉難分母女親。
意外飛災天外劫，畫中逸照夢中身。鵑啼萬點星光淚，哭慟公卿弔祭頻。

九老會 有序

丁丑春，張笠夫兄邀四十年前舊識吳曉霞、陳宏迪、萬家駿、岳彥德諸君在台北聚餐；由梁新人、泠向陽、劉汝棟及筆者作陪。席間談及南渡逸事，不免感慨殊深；宏迪并倡議組團赴長山八島觀光，藉尋舊夢，足證老懷猶壯也。

一別舟山少問訊，今朝聚首話前因。硝煙密布崇明縣，風雨飄搖嵊泗輪。
輸卻青春贏白髮，何將血淚染紅塵。老來嚮往回頭路，八島漁歌入夢頻。

依韻和九老會感懷　吳曉霞

韶光飛逝遽然頻，半百江湖困老人。板蕩中原馳狡兔，浮沉怒海泣孤臣。
嗟我早遺金佩劍，感君遙譜碧蘿春。來朝又是傷離別，瘦馬西風滿面塵。

五〇四台北大遊行

治安敗壞萬民哀，走向街頭怒吼來。三大奇冤沈血案，八方責難起風雷。
正人有道多崇敬，庸吏無能少下臺。又見警車呼嘯過，高官郊外打球回。

淨律寺得聆天心樓主攜宋代迴波琴彈奏「普庵咒」佛曲，賦似廣元上人及馬梅駒教授

蕭寺抱琴至，迴波鳴古絃。輕彈飛十指，重撫落兩肩。

樂理通禪理，心田植福田。普庵遺佛曲，千載見薪傳。

西湖園雅集呈潘皓詞長 有序

戊寅初春，潘皓詞長邀約周伯乃伉儷及劉建化、文曉村、王祿松、秦嶽、金筑諸君子，在西湖園寓所雅集，率成此詩，聊誌文緣。

內湖宛若瘦西湖，煙雨樓台入畫圖。枕畔青山三峽影，窗前碧水小姑蘇。

新春雅集蘭亭會，美酒盈樽香積廚。最是殷勤東道主，分嚐甜點笑相呼。

無題

搜盡枯腸得句遲，陳言刪去覓新辭。吟鬚捻斷終無悔，月夜不眠始有詩。
一管紫毫搖竹影，半方絹素蝕蠶絲。平生碌碌揚風雅，積習成痾乏藥醫。

七十二歲生日自述

我生丁卯歲，烽火起煙塵。海峽延餘脈，天方寄此身。
狷狂歌李杜，慷慨揖蘇辛。南渡迷歸棹，殘舟隔岸屯。

戊寅立秋欣值爸爸節偶成二律

古稀無可述，庸碌度餘年。習靜耽禪悅，退居遠市廛。
自求詩句好，難得子孫賢。故舊如相問？不愁買酒錢！
垂愛杯中物，癮深作酒囚。看花明代謝，學佛息恩仇。
雛燕離巢去，嬾雲佇足留。裸身消暑氣，風扇更搖頭。

秋懷寫意

青春飄粉黛，湖海放歌行。買醉江南岸，尋芳台北城。
馳騁衝筆陣，唱和結詩盟。樂道開心事，兩眉一笑橫。

望月興懷

生為情所累，愛恨半留痕。彩繪玫瑰夜，音沉聽雨軒。
花間人已眇，枕上夢猶温。目盡星光淚，愁招月下魂。
衣香憐鬢影，髮秀挽春雲。回望凌波路，海霞無片言。

瑞伯風災 四詠

一雨成災百姓憂，水洪彌漫陸行舟。奸商濫墾山坡地，峽谷悲鳴土石流。
河不疏浚築高堤，垃圾如山化污泥。瑞伯颱風來暴雨，切身之痛是群黎。

全家五口遭活埋，死者慘淒生者哀。官府無能多水患，市民有恨泣殃災。
内政失修搞外交，工商百業趨蕭條。不知羞恥為何物？臭老番顛猶自豪！

贈詩評家周伯乃詞長

君才富麗我非貧，現代聲華分舊新。聯句成章推妙手，立論入理見精神。
寒窗冷透冬心月，雅舍濃陰野竹鄰。除卻高歌無美事，晚年應作樂觀人。

閒情賦

寫過方知下筆難，時人忙碌我投閒。好茶飲罷猶回味，佳句吟成不忍刪。
富愛藏書貧愛竹，近看瘦石遠看山。抒懷小酌東窗酒，詩在非唐非宋間。

海海人生歌

海海人生須放開，斤斤得失嬾關懷。有謀豈可違民意，無勇難登拜將臺。

南渡君臣多老死，北迴子弟少雄才。長期論戰中原日，萬里飛航仗義來。

柬呈袁文傑鄉長

吾鄉多傑士，東魯盛文風。一代絃歌遠，千秋聖教隆。
讀書期用世，投筆樂從戎。漠漠青雲路，冬陽向晚紅。

歲云暮矣

靜觀浮世繪，懷抱老來深。學佛明知見，安禪忘古今。
近山無俗氣，依水有清音。行腳青潭堰，鳥聲逸翠林。

題南雁掠影柬作者梁新人鄉長 庚辰元宵節

北雁南飛久淹留，枝分葉布遍芳洲。龍年喜迓兩千歲，筆墨難抒一代愁。
遙念中原懷故里，近看後輩展新猷。海天橫阻滄波外，飄泊鄉思月夜浮。

笑傲西域行

國務總理朱鎔基，一身是戲天下奇。航行訪美成焦點，風采顛倒洛杉磯。
白宮握手高峰會，消氣之旅和為貴。華堂細繪夜宴圖，彼美人兮相留醉。
世貿談判頻生波，小麥柑橘進口多。閑話惹翻朱鐵面，掉頭前往芝加哥。
擅變長臉為笑臉，劍眉豎立嬉調侃。入會咨商條件苛，美人慾壑填不滿。
旅美華僑夾道迎，紅旗飄舞九天星。掌聲合奏交響樂，揮別西域回北京。

遷居山林溪新廈

翠陰深處遠車塵，三載兩遷擇竹鄰。老去吟懷歸淡泊，新開美酒溢香醇。
論交未識人心險，負義從知古道貧。戶外清溪飄水袖，山頭冠帶白雲巾。

仲夏夜曲

息影青潭景物幽，依山面水讀書樓。野雲行腳常來往，文鳥飛鳴任去留。
借酒裝痴憐阮籍，談玄論道夢莊周。乘涼露洗星光浴，天展愁眉月一鉤。

讀易有所悟 三首

古稀方學易，剝復見興衰。無藥醫心病，有詩詠客懷。
看雲輕富貴，讀史重賢才。預卜今生事，蕪詞待剪裁。
陰陽分表裡，宇宙合星辰。地獄多權貴，天堂少富人。
愚夫貪忘義，賢者樂行仁。善惡由心造，何須問鬼神？
安得知生死？輪迴三世緣。迷途臨苦海，覺岸近甘泉。
悟道菩提樹，觀心妙法蓮。修明清淨理，非佛亦非仙。

白宮緋聞戲和原韻柬奉林恭祖吟長

寡人有疾奈吾何？蜚短流長競日多。十二巫峰繾綣夢，登徒浪子愛生波。

紅唇輕咬一枝杷，形象可似抽雪茄。不勝嬌羞增美艷，白宮長伴女兒家。
喜新厭舊口垂涎，膽大妄為房事偏。見習生涯飛蝶舞，翩翩傳粉杏花天。
男貪女愛起糾紛，好事多磨變醜聞。何日鵲橋重暗渡，翻身拜倒石榴裙。
官場失德恥之尤，君子修身不妄俅。兩院作成彈劾案，洋相出盡臭風頭。

九二一大地震 四律

百年大震遇天災，地裂山崩草木哀。家毀人亡燈寂滅，橋坍路斷月低徊。
傳媒快訊聲聲喚，循吏要員慢慢來。救難推遲牛步化，滿朝若個是長才？
大難當頭悔已遲，高樓矮舍共支離。哀鴻泣盡星光淚，野宿飢寒曉露滋。
一夕驚魂罹劫日，萬千冤魄往生時。人間煉獄休回顧，前路茫茫孤影隨。
餘震連連雪上霜，半為人禍半天殃。小民有怨難申訴？大吏無能幫倒忙。
九九山頭成癲痢，花花世界轉淒涼。流離可似喪家犬，露宿郊原秋夜長。
地層下陷若沈淵，濁水溪流何處邊。巨廈難支頭倒地，長橋翻覆腳朝天。

賑災秀出多花樣，義賣招來少俸錢。積蓄成空飢畫餅，回春指望太平年。

證嚴上人救災之大悲心懷

悲極無言説，芒鞋入世頻。大鍋慈濟飯，細語慰災民。
正覺菩提道，布施雨露仁。萬家生佛日，蓮座化金身。

孤星淚

天威其可測，地震殛台灣。久乏安危計，方驚舉措艱。
搖醒童話夢，躲過鬼門關。多少孤星淚，涕零草露間。

女童之死 有序

九二一大地震，女童賴怡君為直昇機吹倒大樹壓死。政府大員因戡天災而致人禍，非始料所及。賴小朋友不死於地震之中，而死於鳳凰木之下；五行之變，當有至理存焉。

六歲女孩賴怡君，鳳凰木下為招魂。大地震時幸未死，合家露宿校園裡。
詎料飛降直昇機，總統總長來巡視。風狂樹倒小童身，血染杏壇泣紅塵。
慈母哀慟心頭肉，來生莫作受苦受難人。

冬日述懷

世人嘲笑小兒科，君子固窮休自訶。安步當車腰腿健，拈香拜佛背身駝。
無牙可刷方為老，有酒常斟不在多。醉裏乾坤千古事，夢將書扇換吟鵝。

澳門回歸頌

風雨迷航已忘年，今朝載得夜珠還。回歸祖國成新寵，脫下洋裝付舊緣。
火焰紅花迎盛會，星旗綠綬粲清蓮。萬民欣唱光華頌，收復澳門行主權。

追憶澳門之旅 二首

昔為荒野島，時代步昇華。古蹟阿婆井，素樓國父家。
詔書嘉靖帝，租賃葡萄牙。多少滄桑感？悠悠歲月賒。
葡船登陸處，媽祖廟門前。過盡千帆影，時空四百年。
海霞烘夕照，山月抱初弦。喚起歸航夢，雞鳴破曉天。

巴爾幹流亡曲

南斯拉夫科索伏，一戰打響知名度。狂轟濫炸八十天，家破人亡悲劫數。
北約聯軍兵已疲，罪魁米洛謝維奇。可憐應是柯林頓，師老無功後悔遲。
糾衆圍攻北極熊，奈何引進俄羅獅。丁茲亂世難安枕，百萬流民兮待歸期。

隱　者

隱者全天命，修真學忘機。松寒風骨瘦，人老故衣肥。
李耳騎牛去，莊周化蝶飛。尼山夫子廟，古柏立清輝。

道情

山居如渡假，淨性本天真。仙道調鉛汞，佛宗轉法輪。
玄珠沈虎穴，紫電出龍津。坐息靈台靜，丹田養谷神。

遣興

學海無涯際，興隨志所之。迎窗臨晉帖，倚枕讀唐詩。
序寫蘭亭秀，歌謳石鼓奇。我生千載下，尊古以為師。

偶悟拜東廣元長老

一心長禮佛，垂老欠為僧。無念無禪淨，有相有愛憎。
黃梅傳祖印，紫竹挂蓮燈。若問西來意？何分大小乘！

學道歌

近來何所事？習靜尚幽居。調息兒依母，還丹蚌孕珠。
化身為假象，自性是真如。大道無加減，正邪有乘除。
萬緣俱放下，一志守清虛。

題大千居士紅葉鳥石圖

紅葉艷於二月花，枝頭翠鳥靜無嘩。飛來雅石風神瘦，彩筆繽紛老畫家。

逍遙遊

漫遊足證林泉美，沿路看山邊看水。照影青溪白鷺過，飄然人在清風裏。
翩翩彩蝶眼前飛，眉月長隨醉後歸。忽憶吳門工筆畫，好山好水好相依。

來台五十周年

五十年來汗漫過，鬩墻爭鬥起干戈。舟山立影魯王殿，朱簷空懸燕子窩。
獨對殘陽憂國難，長期怒海息風波。兩河忠義今餘幾？南渡軍民奈老何！

無　題

紅頂商人其可憎？投機倒把足先登。金權當道良知滅，股市崩盤赤字增。
學道學禪除欲念，求名求利仗才能。尤憐士庶總無悔？逐臭之夫若聚蠅。

黃粱新夢 三首

為說黃粱夢，陷身蟻穴中。醒言天下事，醉臥美人叢。
隨扈遍鷹犬，選區逐鹿熊。光華成絕代，回首一場空。
難向外人道，酸甜徒自知。黨團分壁壘，朝野合支離。

治國無良策，侈言有所期。鼓吹介壽路，早晚降藍旗。
無淚哀明祚，有詩詠落花。敗亡隆武帝，投靠鄭王家。
退步求生路，埋頭理亂麻。扁舟橫鹿港，海角弔殘霞。

山居漫詠 二首

小隱林泉半閉關，坐看流水臥看山。白雲倒影青潭上，紫燕飛鳴翠竹間。
古往今來歸夢幻，朝乾夕惕警痴頑。星空懸挂一輪月，萬里長天飛玉環。

又

白髮詩翁何所求？粗茶淡飯度春秋。有兒有女應知足，無病無災得忘憂。
自性彌陀皈覺岸，唯心淨土好清修。人間寄跡煙霞外，綠野青山入望眸。

冬懷示東鄰叟

寒流吹冷雨，排闥叩冬扉。霧退消陰濕，雲開見煦暉。
竹兒山腳立，燕子草頭飛。樂道東鄰叟，持竿隱釣磯。

已卯歲暮封筆

世事羅塵網，糾纏歲月侵。夢中誰作主？醒後我思尋。
省識修行淺，難除結習深。為期明覺性，寡欲息貪心。
仁者懷天下，詩家詠古今。聲華頻代謝，守拙逸山林。

野臺戲

歹戲拖棚演，笑看統獨爭。安邦思國士，信史鑑忠貞。
雲壓山頭暗，浪高海峽橫。風濤迷雁陣，兩岸未收兵。

遙寄于金霞女士

感懷往事憶從頭，說到辛酸語欲休。處世理當分遠近，為人安得任沈浮。
銘心難覓忘憂草，對月慵登望海樓。如問窮通今已定，苟能知足復何求。

閒詠

人生難得老來閒，隨意徜徉山水間。歇腳時偕雲共坐，歸途喜挽月同還。
吟成古韻敲詩句。面對新醅解笑顏。飲到半醺渾忘我，何須調息叩禪關。

疊前韻

得投閒處且投閒，舍下青溪翠竹間。嶺上浮雲連夜泊，堂前乳燕計時還。
文章自古尊韓柳，書法而今重米顏。看破塵緣歸化外，杜門世事不相關。

廣元上人賜法聯

須知萬法終歸一，安重大乘輕小乘。素食生香飢可飽，遊方那怕腿無能。

竹林若箇清高士，山寺應非媚俗僧。以戒為師修定慧，慈航覺岸允同登。

禪意

前身合是沙門子，今墮紅塵失衲衣。掃地焚香無罣礙，飲茶食餅打禪機。
維摩示疾菩提道，慧遠傳經淨土歸。自性良知存正見，昭昭天理莫相違。

又見土石流

一雨成災患，中橫土石流。小民頻北望，大吏走南投。
治水無良策，巧言有善謀。覆巢哀地震，夢魘早驚秋。

八掌溪哀歌 三首

濁水滔滔八掌溪，山洪暴發潰沙隄。孤立受困人呼救，兩眼望穿夜影低。
電訊東諸高閣上，飛航停泊小橋西。昊昊蒼天憐袖手，草菅民命誤生機。

挺立狂瀾三小時，一分一秒一含悲。悽聲漫譜安魂曲，落日為書絕命詞。
濕透褐衣心已冷，光殘星火淚空垂。回歸淨土無憂患，莫向人間問孑遺。
八掌溪中傳斷魂，輿論紛擾咄煩言。空頭閣揆非同志，決策高層擅獨尊。
為息群憎追職守，欲除積弊正根源。世間多少窩囊事？生者何堪死者冤。

禮佛偈

掃地為常課，焚香仰護持。大千迷覺岸，方寸致良知。
久患痴心症，唯求善葯醫，修明圓鏡智，秋月冷蓮池。

嫁女示意 十月七日吉期

我家女學士，詠絮允多才。合巹含情去，完婚帶笑來。
叮嚀崇婦德，節儉惜貲財。記取齊眉樂，閨闈莫相猜。

寫唐人詩意 二絕

萬點桃花泛古津，千山曲徑武陵春。簑翁獨棹孤舟去，不見寒江釣雪人。
驢背詩僧覓句行，推敲未定動公卿。苦吟立影池邊樹，千載空留月下名。

乞貓吟 有序

有一黃貓，時至窗外覓食；余以飯餘由二樓縋下飼之，日久竟成常客。異類遇合亦係因緣，詩以紀事。

當為飢所使，每日定時來。咪咪窗前乞，盞盞飯後齋。
人貓非族類，生滅共塵埃。遇合緣因果，無端少掛懷。

秋　韻 二首

坐擁書城温故新，胸襟坦蕩樂天民。海涯行旅鄉關遠，歲月消磨筆硯親。

悲喜人生來歷劫，娑婆世界去歸塵。茶餘飯後尋詩意，境在青山綠水濱。

又

樂其生者善其終，守拙寧為田舍翁。閒飲東窗杯在手，醉吟北斗月橫空。
秋容潤色黃花秀，暑氣全消紫竹叢。漫步林園三徑晚，天心寥落夕陽紅。

讀宋史懷古

大道難憑今古同，興亡可似轉輪中。臨危受命烽煙起，無力回天歲運窮。
忠藎文山留正氣，爵封信國拜高風。殺身取義垂青史，碧血凌霄化雨虹。

失　題 詠政治亂局

夫子之嘆吾道窮，小人得志善居功。秦皇漢武今何在？鐵馬金戈夢已空。
搖尾乞憐多走狗。仰天長嘯眇飛鴻。政潮掀起千層浪，黨派相爭不相容。

韓戰五十年

抗美援朝戰報傳，大軍夜渡鴨江邊。同仇敵愾連疆土，浴血衝鋒破曉天。
師老無功哀麥帥，陣前解甲失兵權。議和分隔板門店，歲月悠悠五十年。

象神颱風重創台灣北部

洪水横流天地昏，秋颱肆虐雨傾盆。求生吶喊人呼救，絕命唏嘘鬼叩門。
死去已無身後累，醒來空有夢中痕。象神犯境窮災害，泥淖家園土石屯。

題山水畫冊

靜觀畫冊坐披襟，茅舍竹籬環翠林。大地河山皆法相，小橋流水有清音。
歲華綻放兩千歲，詩句吟成一片心。歸棹桃谿無覓處，牧童遙指白雲深。

山居漫筆 二首

竹樓飄翠羽，垂釣一溪雲。為覓宜人句，應刪媚世文。
草飛蝴蝶夢，風擺柳絲裙。日夕陶心性，蛙聲隔水聞。

又

寒舍清潭畔，溪聲日夜流。群山橫畫卷，茂竹映書樓。
宿靄消林表，朝雲出岫浮。凌晨縱遠目，悦耳鳥鳴秋。

台北政壇緋聞 有序

名筆周玉蔻為寫唐飛新書，惹起緋聞閑話；是則韻事，同黨女性紛起護主撇清，不值一哂。莊子曰：「子非魚，安知魚之樂？」率成二律，聊抒所感。

緋聞台北版，繼美白宮前。顧我桃腮淚，思君雨露憐。

唐書飛落石，玉筆炒翻天。鬧劇連台演，風流天下傳。

又

繾綣房中事，外人怎得知？為情通款曲，因愛轉愚癡。
混血多風韻，塑身絕世姿。飛黃雙比翼，共宿綠花枝。

暮秋偶賦

半山仄徑近河濱，一角層樓遠市塵。書畫面前休說假，文章身後故求真。
善財易得貪為罪，佛法難聞戒足珍。讀罷金經何所悟？鏡花水月夢中人。

憶故里舊事

清白家風「尚德堂」，半耕半讀半工商。下田鋤地知甘苦，近海放船任蕩徉。
祖譜宗祠仁澤遠，枝榮葉茂子孫昌。歸農踏上斜陽道，縷縷炊煙飄飯香。

冬日拾夢

歲華開美景，棠棣喜招搖。簷下冰鐘乳，坑頭臥懶貓。
天寒冬夜永，野白雪花飄。重拾兒時夢，格林童話遙。

贈一信詞長

論交三十載，策勉度餘年。聯手弘詩運，舉杯嘯酒泉。
新聲君自賞，古韻我投緣。悦耳牙牙語，含飴樂晚天。

元旦參觀兵馬俑

秦時兵馬俑，渡海到臺灣。萬衆來觀賞，千秋去復還。
稱奇聞嘆息，腐土化斑斕。天道和為貴，冬陽粲笑顏。

新歲遣興 辛己年

松窗一壺酒，獨酌兩相親。醉眼盱新歲，宴眠對古人。
苦吟歎賈島，工筆喜唐寅。沆瀣煙霞氣，自嘲化外民。

元宵觀燈兩題

聞道花燈好，來遊台北城。人潮翻笑浪，耳食飽歌聲。
今夕金蛇舞，明春火馬鳴。重温南渡夢，空有六朝情。

又

興亡何足怪？南宋小朝廷。歷史時重演，湯盤日又銘。
燈籠江海月，光曜斗牛星。歲歲元宵節，嬉春不夜暝。

墾丁油污事件

墾丁羅浩劫，滾泊黑烏油。但見漁民怒，幾聞府吏愁。
沉船遑渡假，開會漫應酬。如問紓籌策？錦囊有善謀。

題宮農山舊藏明妓馬守眞所繪蘭石圖

丰姿何綽約，彩繪半清新。翠袖添香日，青樓逸美人。
幽蘭留素影，雅石見風神。名士詩題遍，農山舊所珍。

題大千居士仿唐畫烏騅駿馬圖後

躍馬中原夙願違，壯懷時逐畫圖飛。大千筆下烏龍出，揚起銀蹄踏落暉。

觀陸儼少長江三峽圖卷即興二絕

長江三峽狷流狂，巫雨巫雲迴舞裳。沿岸風光看不厭，輕舟載酒飲瞿塘。
古今傾慕畫中詩，妙手天成偶得之。彩筆淋漓師造化，千山帆影映江離。

對茶漫詠

閒暇簪筆學臨池，寫罷蘭亭題罷詩。香溢鼻端茶溢氣，水含龍井葉含滋。
推窗仰望低眉月，清照幽懷漱玉詞。漫道人生為過客，海天行旅誤歸期。

野人歌

清早採香椿，佐餐供拌麵。林陰聽鳥鳴，尋聲看不見。
杜鵑花競秀，開上春風面。野老樂鄉居，笑嘲自了漢。

早起公園漫步

出門一笑遠山橫，早起迎風徐步行。修學長期身解脫，練功可得氣充盈。

花間彩繪群芳譜，林蔭飛鳴百鳥聲。吐納朝陽松下立，春園草木散清馨。

重讀四書有省

先憂後樂聖賢心，誠正修齊四字箴。省識良知無好惡，徒言世道有升沈。
名繮利鎖何須罪，義膽仁風不可尋。退隱書城成隔世，漫尋章句漫輕吟。

習禪偶悟

提起精神打坐功，本無一物乃宗風。習禪且覓安心法，持咒唯求妄念空。
人邁古稀言壽考，事循天理貴神通。靜觀委蛻歸塵土，剩有詞章説幻翁。

詠蝴蝶蘭盆景

振翅欲飛蝴蝶蘭，紅粧翠袖紫華冠。青潭水畔漂香息，容石園中倚畫欄。
溫度回春天送暖，冷鋒過境夜徒寒。一枝花影多情意，祇合詩人帶笑看。

國統綱領十周年之困局

十載流光彈指過，爾虞我詐互消磨。以拖待變生機少，棄戰謀和勝算多。
一黨之私人作孽，萬民失業口同訶。走投何處求温飽？坐困愁城悵逝波。

岳父卓公立逝世輓詩 文山中學教師退休

昨晨猶相見，今夕隔人天。漫踱黃泉路，早登般若船。
生平存古道，教化法先賢。解脫無餘累，遺軀若蛻蟬。

賦贈書法家凌祖綿詞長 二絕

容石園中訪隱居，相逢一笑兩眉舒。煙雲供養爰翁畫，筆墨遺香右老書。
不薄新交厚故交，名茶細品大紅袍。臨池偏愛蘭亭序，曲水流觴揮玉毫。

閒眺感賦 三首

游目騁懷山外山，此身羽化白雲閒。形同筆架三峯立，宛若龍溪一水彎。
莫怪炎陽蒸暑氣，多虧沛雨洗愁顏。浮生告退尋詩意，韻腳徜徉天地間。

又

莫道看山不是山，在家何遜出家閒。微風送爽天將暮，素影懸弧月半彎。
綠透紗窗居有竹，酒宜淺酌醉開顏。吟眸迓見雲歸岫，人在如醒如夢間。

又

坐看雲遊靜看山，詩情畫意未曾閒。三千煩惱除難盡，五斗其腰不肯彎。
喚取清茶消俗慮，休將濁酒解愁顏。今生多少違心事，付與水流花謝間。

政局亂象 有序

台島自政黨輪替，百業蕭條。某首長於國會備詢之際，竟上法鼓山，恭聆老僧開示；如是不問蒼生問神佛，令人不勝慨嘆。

民窮財盡復興難，政黨相爭時相殘。事到臨頭抱佛腳，途逢末路拜神壇。
厚顏狡辯譁新貴，玩法栽贓諉舊官。國會備詢任笑罵，唾飛滿面待風乾。

了悟之悟

難了終須了，非空仍是空；生前身後事，盡付化塵中。

非偈之偈

萬物冥冥皆有主，隨緣隨喜隨來去；世情看破莫強求，夢幻人生空碌碌。

偶成一絕

打起精神度晚年，抒懷詩詠夕陽天；何妨醉臥煙霞外，口袋空餘買酒錢。

七夕殘夢

昨夕情人節，今朝電話來。聞聲驚遠夢，細語訴衷懷。
炎夏琴窗寂，涼秋雛菊開。鵲橋如可渡，星月相追陪。

輓劉菲詞長

同為江海客，廿載比鄰居。招飲時來往，論詩忘毀譽。
連年長抱病，近歲息吟廬。回首望歸岸，遠航遊太虛。

三月詩會成立八周年賦似諸詩友

攻吾短者是吾師，一字一詞評審之。三月詩壇多雅士，八年歲月少猜疑。
青春只合憐芳草，白首何妨唱竹枝。舊友新朋如相問？事無不可告人知。

送春詞

野生喬木毋須栽，杖履時從曲徑迴。浮海任由身汗漫，看雲空有夢低徊。
花前粉黛飄零去，雨後青蔥送翠來。為寫情懷尋美意，林泉風景好題材。

溥心畬山水畫冊跋後

大清末代舊王孫，每自畫圖留印痕。難解錐心亡國恨，安招泣血子規魂。
丹青不老千峰秀，妙筆回春萬象屯。海上浮槎歸夢冷，高風何待後人論。

仲夏小令 四絕句

偃臥書齋聽鳥鳴，喚醒睡意兩三聲。久無音息知飛去，展翅青空結伴行。

小立窗前望遠眸，晨風吹送白雲浮。多情最是清溪水，自譜新聲了舊愁。
鷺飛蝶舞自翩翩，忽憶姑蘇拙政園。藻繪米家山水畫，橫塘夢泊採蓮船。
夏木濃陰暑氣侵，滾翻熱浪泛蟬音。聲聲切切皆民怨，可在呼應天地心？

爲　訓公壽 有序

江西楊公訓畬，曾任大令，嗣典兵符；文武兼資，一奇也。來台後，從事企業，創建資本市場；功成身退，永留去思，二奇也。壽登九五，年高步健；望之如六十許人，三奇也。鶼鰈情深，至老篤念；子孝孫賢，皆高成就，四奇也。如是奇人奇事，不可無詩以壽之。

樂道鳴琴日，政清吏事平。紆籌安國策，抗戰典戎兵。
不避青雲路，長懷白首盟。華堂同數代，繞膝富親情。

袁大儀鄉親父女蒞台畫展賦贈

七彩繽紛展畫圖，有緣千里來相呼。丹青不老開新境，活色生香棄舊模。

四季荷花留素影，十方淨土指皈途。君家世代多才藝，筆墨傳承一掌珠。

註：四季荷花及淨土畫作，為展出精品。

詠梅二絕

凡塵何處覓奇葩？除卻寒梅無異花。天降鵝毛飛雪片，疏枝玉影任橫斜。

獨抱冬心飄晚香。常懷冰雪介清光。相知唯有林高士，一枕孤山夢退藏。

頌馬二絕

昭陵六駿古今傳，石刻英風思宛然。百戰全憑千里足，金鞍玉勒珊瑚鞭。

曹霸丹青善寫真，龍眠畫馬更傳神。我今詠嘆悲鴻筆，譽滿中西第一人。

歲暮興懷 三首

南投風櫃斗，綻放臘梅香。花面迎人笑，蝶衣舞袖翔。

惜無冰雪映，空有水雲光。何若冬心畫？歲寒詩意長。

註：金農字冬心，為清代畫梅名家，其題畫詞令，尤冠絕一時。

又

翠袖添香日，紅樓幾忘年。春蠶絲未盡，作蛹苦纏綿。

嗣受菩薩戒，難乘般若船。山居無酒伴，邀月醉同眠。

又

名利成泡影，皈山臥竹巢。有情思舊侶，無意結新交。

閒話討人厭，賦詩可自嘲。不求音律細，平仄待推敲。

殘冬憶往

臘鼓催年近，童齡入夢遙。磕頭辭舊歲，祭祖著新袍。

供桌燃紅燭，春聯寫紫毫。幽囚多少事，伏枕出亡牢。

賦呈王公衍佑並贈同席諸君子 有序

瀛洲縣府夥伴，自舟山來台，各奔東西。不意壬午正月，在台北小魏餐館聚飲春酒，一桌十二人，壽約千歲。感此短章，以誌鴻爪。

瀛洲分散後，五十有餘年。台海翻新浪，舟山棄舊船。
花花增白髮，歲歲減朱顏。今日忻重聚，春觴續酒緣。

暮春晚眺

睡起憑窗立，蝶群舞彩衣。暮春花代謝，初夏燕來稀。
鳥宿棲枝靜，溪聲狙石飛。小樓環茂竹，四壁碧生輝。

枯梅無雨漫詠

天命難違順者昌，改朝換代本尋常。每逢亂世思良將，殆至殃災祈法王。
乾旱源頭無活水，破牢陌上有亡羊。民生疾苦何人問？留待稗官論短長。

爲外孫女寫眞 壬午

女兒生女兒，老榦發新枝。撇嘴要人抱，啼飢餵奶遲。
與花爭品色，對月笑低眉。天賦聰明相，福緣可預期。

醉中吟

愛飲金門酒，形骸一醉拋。有情懷舊友，無意結新交。
讀易知天命，繫辭問卦爻。詩心常不寐，平仄夢中敲。

元旦逸韻（二律）

人生苦短收歌行，到訪何須題姓名。一盞清茶消俗念，三杯老酒暖衷情。
有錢難買回春術，無德空吟陋室銘。古卷圖中尋畫友，揚州八怪會書城。

註：余著「揚州八家畫傳」一書，由藝文誌月刊連載後出版。

疊前韻

修其身者正其行，上下虛空狀莫名。參透禪機明佛理，飽經憂患薄人情。
爾虞我詐淘金夢，官俸民膏戒石銘。放下心頭無礙事，老莊告退逸山城。

註：宋代戒石銘見辭源。

冬蟄思

無為心內忘筌蹄，悶口葫蘆分悟迷。乘願再來清業債，破空而去化丘泥。
朝聞野鳥鳴山谷，暮睇寒雲泊竹溪。冬蟄夢回宜靜臥，曉雞休向枕邊啼。

尋芳曲

姹紫嫣紅遍綠茵，徜徉花海倍怡神。昔年浪跡江南岸，今日安居台北鄰。
乳燕熟知山外路，春風擁吻畫中人。詠懷欲覓憐香句，詞令予求意象新。

浪波詞長贈書賦謝

余予古詩，封筆多年。今承友好惠贈《藝文雜俎》短篇大著；立論公正，褒貶分明。茲將讀後所感，勉成一律，敬致謝忱！

海天萬里寄書來，展讀連篇老眼開。借古諷今論雅俗，存菁去蕪貴刪裁。
千金著作長門賦，兩漢文章司馬才。字字珠璣宜共賞，停雲詩就且銜杯。

（二〇〇七年十一月）

步原韻爲夢墨壽而慰之

去國春秋壽八旬，詩懷展轉憶金孫。修持正見明因果，難得糊塗是哲人。
辜負親恩違孝道，叛離子媳失天倫。壇經法旨施教化，煩惱菩提不二心。
出水紅蓮佛座花，立身宜正不宜斜。靜觀實相皆空相，老掉真牙半假牙。
休道詩書難繼世，孰知忠厚可傳家。禪心寂定無榮辱，看破塵緣息妄嗟？

（二〇〇八年十月）

（附原作）八旬生日有感 二首

陸夢塋

今朝我壽臻八旬，不見堂前繞膝孫。只為情多憐幼犬，曾因義重累荊人。
婆遭媳辱驚神鬼，父受子欺悖人倫。浩浩青天何所問，魔生三障證禪心。

佛心無處不拈花，花落空庭映月斜。觸景傷情心惻惻，懷孫苦憶語牙牙。
詩書未必長傳世，忠厚何曾久繼家。一切有為皆泡影，無因無果兩無嗟。

題《秋收的黃昏》詩畫集
——致林明理講師

明心期見性，理義則行仁。詩品文華著，畫風水彩新。
良師傳正道，善信渡迷津。香梢凌冰雪，梅花即化身。

後記：近承林明理詩友，惠贈新著《秋收的黃昏》詩畫集。她精研佛學，參悟禪理，故其詩其畫，空靈雅秀：非一般簪花素手，所能企及。讀後感賦五言一首，藉表欣崇之忱。

（二〇〇八年十二月）

賀超然臺新建竣工慶典

超視星空，濰水映光朝北斗；
然亮古蹟，密州文物仰東坡。

後記：北宋東坡居士出守密州時，在舊臺遺址重建「超然臺」；並刻秦篆置於臺中，又建山堂於臺上。嗣臺毀於戰火，今又新建竣工，實為文化一大盛事。茲撰嵌聯一幅，表達祝賀之意！

追思雁翼鄉兄

台疆一別久忘年，幸有詩箋相往還。著述等身文筆健，囚徒日記口碑傳。
憐君跛腳沉冤獄，嘆我流亡失故園。歲暮驚聞乘鶴去，皈依淨土了塵緣。

（二〇〇九年十二月）

註：《囚徒日記》為雁翼著作「獄中詩集」，深獲中外詩壇好評。

歲暮抒懷

老去唯與筆硯親，右軍書法卓無倫。千秋逸墨蘭亭序，一代知音李世民。
寫意時臨秦漢帖，修身且讀聖賢文。安居擁抱山林臥，若箇悠閑化外人。

（二〇〇九年冬至）

新歲感言

——致陸居士珍年道長

頭頭是道念非常，法法皆空是典章。看破情緣安解脫？拋開愛慾得徜徉。
家財萬貫三餐飯，華屋千間七尺床。該放下時須放下，慧根具足菜根香。

（二〇一〇年元旦）

註：《四十二章經》第十九章「佛言：觀天地，念非常，觀世界，念非常；觀靈覺，即菩提。如是知識，得道疾矣。」（真假並觀）

感懷珍年伉儷

山居天氣半晴昏，獨坐觀心常閉門。邀飲難期春已去，思懷猶待夢重溫。
班荊道故傳佳話，管鮑知交豈妄論？向晚餘生歸寂靜，秋聲休向耳邊喧。

（庚寅七夕）

詠懷三絕

余自舟山滃洲縣府遷居來台，恰值六十年。感呈昔時同仁：張笠夫、于肇勤鄉兄。

中原板蕩嘆興亡，海外投荒歲月長；一枕殘紅零落夢，人間幾度小滄桑？

歷盡浪波南渡舟，千帆過後陣雲收；青山有幸延餘脈，霜葉無情又一秋。

一臥南溟六十年，寄情詩酒共留連；逢人莫說前朝事，兩岸和親好往還。

（二〇一〇年元月）

河山獻壽頌梅花

——辛亥百年聯詠十韻

武昌起義獵金豬，牧野鷹揚爭逐之；
打破皇朝神話夢，康乾盛世嘆支離。
辯才無礙孫中山，革命理論天下傳；
無可奈何唯揖讓，北洋軍閥笑彈冠。
混世梟雄袁項城，強兵悍將掌輸贏；
把持總統當皇帝，洪憲龍廷百日傾。
八指將軍黃克強，書生仗劍出湘鄉，

功成不肯居高位，百戰彪炳千古香。
北伐雄兵報捷音，中原大戰起風雲；
內憂外患理還亂，日本軍刀奪命魂。
少帥揮鞭張學良，日軍躍馬攻瀋陽；
父仇未報空遺恨，自況漢卿非子房。
屯兵戍守蘆溝橋，第一槍聲凌九霄；
抗戰八年掀序幕，軍民喋血挽狂濤。
鐵血督師蔣介石，腳跟立定硬堅持；
拉長陣線狙頑寇，迫使東皇舉白旗。

一代天驕毛澤東，不甘雌伏自豪雄；
長征苦戰收成果，血杵漂流滿地紅。
南明南宋南中華，海角青天粲彩霞；
辛亥百年同祝賀，河山獻壽頌梅花。
（二〇一〇年中秋節）

懷舊遊

——致加州陸夢墨老友

萍水相逢復相親，青春健筆敲詩文；
新生報紙聲名著，愛之石寫意中人。

逢人莫道故門閥，曾是北洋新世家；
一代將星悲殞落，何堪回首望京華。
落葉歸根夢已殘，滄桑歲月對愁眠；
中原戰亂爭王霸，南渡千帆迄未還。
一息尚存將九旬，卑躬抱病臥山林。
汗顏身外無長物，唯有詩章勉子孫。

附註：一、《愛之石》係其所著中篇小說，曾於新生報「西子彎」副刊連載數月，嗣出版單行本，深受讀者好評。
二、乃尊翁為北洋時代高級將領。

現代政壇景象

半斗才華五斗腰，巧言令色立當朝。
高官厚祿萬民怨，酷吏貪贓天下嘲。
浪得虛名稱博士，胸懷狡詐類奸曹。
愴惶狀若喪家犬，搖尾強權猶自豪。

「武則天在天」感此

——風人兼風事也

愛著西裝棄套裝，年將花甲老姑娘。
由來巾幗期男寵，不讓鬚眉選女皇。
兩眼雙垂兩行淚，一人獨臥一張床。
求神問卦緣何事，武則天朝當代亡。

附記：某女性候選人，春節抽得「武則天在天」吉籤，欣喜莫名。竊認為二〇一六年首長大位，非伊莫屬。故賦此以風之。

賀新歲

——贈《稻香湖》詩刊王耀東主編

鶼鰈情深相唱隨，丹青不老筆生輝；
抒懷寫意詩書畫，傲雪凌霜松竹梅。
詩畫雙棲伉儷情，稻香湖湧雅歌聲；
逢年秉筆賀新歲，傳世文章細品評。

（乙未元宵）

九十詠懷 二首

歷盡興亡劫後身，附庸風雅作詩人；

尋章摘句渾閑事，抱病延年晉九旬。
落地生根入夢懷，綿綿瓜瓞費栽培；
得娛晚景含飴樂，憑有金錢買不來。
（丙申元宵）